제국의 초상, 닝샤(宁夏)

중국 닝샤 회족자치구 이야기

서명수의 중국 대장정 4

서고

제국의 초상, 닝샤

2018년 12월 26일 초판 발행
2018년 12월 26일 초판 1쇄

지은이　서명수

발행인　서명수
발행처　서고
주　소　(36744) 경상북도 안동시 공단로 48
전　화　054-856-2177
fax　　054-856-2178
e-mail　diderot@naver.com

ISBN　979-11-960696-1-2 (03900)

이 도서는 한국출판문화산업진흥원의 출판콘텐츠 창작 자금 지원 사업의 일환으로
국민체육진흥기금을 지원받아 제작되었습니다.

제국의 초상, 닝샤(宁夏)

중국 닝샤 회족자치구 이야기

서명수의 중국 대장정 4

차례

들어가는 말 - 두 제국 _8

제1부 서하西夏

1. 난창탄춘 _17
2. 서하와 몽골의 20년 전쟁 _21
3. 난창탄춘 가는 길 _29
4. 초원의 지배자, 서하제국 _47
5. 동방의 피라미드, '서하왕릉' _54
6. 고비 사막에 묻혀 있던 700년, 흑수성 _64
7. 흑장군 _72
8. 용문객잔 _82
9. 서하의 후예들은 어디로? _89
10. 세계 최초의 여군 특수부대, '마쿠이' _97
11. 황제의 사랑, '아라' _109
12. 마쿠이 - 슈토헬 _124
13. 대제국 서하 _128

제2부 칭기즈칸 미스터리

1. 류판산에서 마오주석을 만나다 _136
2. 칭기즈칸의 초상 _144
3. 마오쩌둥 주석 _150

4. 칭기즈칸 사망 미스터리, 낙마설? _156
5. 칭기즈칸의 죽음에 얽힌 비밀 _168
6. 칭기즈칸의 무덤은 아직도 발견되지 않았다 _176

제3부 | 회족제국 回族帝國

不回回国, 그대 다시는 돌아가지 못하리 _183
1. 회족 결혼식 참관기 _184
2. 후이샹, 닝샤 _198
3. 중국 소수민족, 그리고 회족 _211
4. 소수민족 제도 _223
5. 칭쩐문화 _228
6. 회족의 성씨 _243
7. 색목인 _248

제4부 | 아름다운 닝샤

1. 샤마관 _257
2. 샤마관지킴이 _266
3. 쩐베이바오 서부영화촬영소 _274
4. 아름다운 닝샤 _283

편집을 마치면서 _288

들어가는 말: 두 제국(帝國)

#1

   제국의 흥망성쇠는 끊임없이 반복된다. 천만년 영화(榮華)를 누릴 듯 기세등등하던 제국도 어느 한 순간에 초원과 사막 속으로 사라져 버렸다. 대제국의 역사는 다른 제국에 의해 마치 존재하지도 않았던 것처럼 흔적도 없이 지워졌다. 정복한 제국의 기억을 '애써' 지우고 더 큰 제국을 세운 '대제국'은 유럽까지 정복한 인류역사상 최대의 제국을 건설하는데 성공했지만 백년이 지나지 않아 앞선 제국의 길을 따랐다. 제국들이 명멸했던 그 땅, 실크로드의 오아시스는 한동안 폐허처럼 버려졌다가 새로운 이주민들이 차지했고 제국의 역사는 천 년 동안이나 모래 속에 파묻혀 잊혀질 뻔 했다.

   제국의 국민, 제국의 백성, 제국의 신민(臣民), 제국의 노예들은 제국의 부침(浮沈)에 따라 신분은 물론이고 생사여부마저 갈렸다. 제국의 미래는 불안했다. 죽고 죽이고 먼저 공격해서 기선을 제압하지 않으면 제국의 위상과 권위는 땅에 떨어지게 된다. 대제국의 일등 귀족이 어느 날 새로운 제국의 노예가 되거나 중원을 떠도는 방랑자 신세가 되기 일쑤였다. 신분을 세탁하거나 제국을 이어주는 통역관으로라도 살아남을 수 있다면 운이 좋았다. 제국의 '용병'(傭兵)으로 혁혁한 공을 세워 정착한 '색목인'(色目人)은 제국의 신민으로 총애를 받았다.

제국의 실질적인 계승자는 그들 용병들이었다. 색목인에서 '회족'으로 변신한 그들이 제국의 진정한 후예로 살아남아 그들이 살아온 '제국의 초상'(肖像)을 완성하고 있다.

#2
기골은 장대했다

보통사람들보다 두 배나 길쭉한 얼굴과 큰 머리는 인촨(银川)의 서하(西夏, 시샤)박물관에서 본 그의 모습을 빼다 닮았다.
서하제국을 연 '개국황제' 리위안하오(李元昊)가 그의 얼굴에 겹쳐졌다.
스스로 '서하(西夏)의 후예'라고 밝힌 '탁'(拓)씨 성(姓)을 가진 그에게서 사라져버린 서하제국의 유민(流民) 냄새가 진하게 묻어난 것은 리위안하오와 흡사한 외모 때문이었을까. 아니면 그가 밝힌 탁씨(拓氏)라는 성씨(姓氏) 탓일까. 그의 어디에서 사라진 제국의 후예이자 살아남으려고 떠돌던 '유민'(流民) 흔적이 노출된 것일까. 그를 통해 우리가 찾고 있던 제국의 흔적을 발견했다는 생각이 들었다. 그 옛날 실크로드를 지배한 '당샹족'(党項族), '탕쿠트'라고도 불리던 초원의 정복자들이 그의 선조였다.

수백 년 동안 황허와 험준한 산악이 정복자, 추격자들의 눈을 피하게 해 준 은둔의 땅. 당시 서하의 수도였던 인촨에서도 백여 킬로미터나 떨어진 곳에 숨죽인 채 살게 된 그의 아버지의 아버지는 아마도 서하의 황족이나 귀족이었는지도 모른다.

힘든 밭일이나 노동은 아내와 아들에게 맡기는 그의 모습에서 명령과 게으름이 몸에 밴 황족이나 귀족계층의 거만함을 보는 듯 했다.

오랫동안 '당샹족'의 땅이었던 그 곳은 새로운 강자가 나타나자 혼란스런 무질서가 한동안 이어졌다. 그러나 두 제국이 동시에 초원을 지배할 수도, 두 제국이 평화롭게 공존할 수도 없었다. 신흥제국은 기존 제국의 질서를 깨뜨리고자 했고 오래된 제국은 떠오르는 제국의 존재를 제대로 알아채지 못하고 얕잡아보게 마련이다.

칭기즈칸의 서하(西夏)원정은 제국 최후의 날이 되고야 말았다. 재앙은 연이어 닥쳤다. 칭기즈칸의 대군이 서하제국의 수도인 싱칭부(兴庆府, 지금의 인촨)를 포위한 지 얼마 지나지 않아, 유례없는 대지진이 강타했다. 제국은 이중의 재난상황을 더 이상 버틸 수가 없었다.

그러나 아쉽게도 칭기즈칸은 서하제국 최후의 그날, 황제의 항복을 받는 장면을 보기도 전에 생을 마감했다. 사서(史書)는 칭기즈칸의 운명이 서하원정을 끝내기도 전에 끝났다고 기록했다.

칭기즈칸의 몽골군은 칭기즈칸의 죽음을 서하의 격렬한 저항 때문이라며 칭기즈칸의 유언을 받들어 서하제국을 철저하게 파괴했다. 항복한 제국의 수도에서는 단 한사람의 서하인도 살아남지 못했다.

리위안하오 두상.
서하박물관에서 만난 개국황제 리위안하오, 부리부리한 눈매와 커다란 두상이 인상적이다.

두 제국(帝國)

2백년 동안 실크로드를 지배했던 제국의 영광은 칭기즈칸의 군대에 의해 하루아침에 파괴와 약탈, 살육의 제물로 사라졌다. 도성은 폐허로 변했고 백성들은 뿔뿔이 흩어졌다. 제국은 흔적도 없이 사라졌다. 제국의 사람도 제국의 문자도 그리고 제국의 역사를 기록한 문서와 기록물도 모조리 불태워졌고 고비사막을 넘어 휘몰아쳐 온 모래바람 속에 파묻혀버렸다.

오랫동안 서하제국의 땅이었던 그 곳은 수수께끼와도 같은 황제들의 무덤(서하왕릉)만을 남긴 채 철저하게 버려졌다.

다시 이 땅에 사람들이 하나둘 씩 몰려들어 정주하기 시작한 것은 수십 년의 시간이 지난 뒤였다. 몽골의 새로운 제국건설에 동원된 아라비아의 용병들과 실크로드의 대상(隊商)들이었다. 수천, 수만 리 너머 고향으로 돌아가지 못하게 된 그들은 이곳을 제2의 고향으로 삼았다.

하나의 제국이 탄생했다가 무너지고 새로운 제국이 완성되는 사이, 초원 실크로드의 지배자도 당샤족에서 몽골족으로 바뀌었다. 세기의 정복자 칭기즈칸이 생을 마감할 때까지 잠시 공존했던 두 제국은 그렇게 대제국의 초상을 그려나갔다.

칭기즈칸의 초상

제1부 서하 西夏

1

난창탄춘
南长滩村

'서하'는 칭기즈칸이 초원을 지배하기 전까지
초원 실크로드를 장악한 대제국이었다.

칭기즈칸은 몽골부족을 통일한 후 초원의 강자로 나섰다.
초원의 지배자는 동시에 공존할 수 없었다.

칭기즈칸의 중원 진출 길목에 위치한 '서하'와 '몽골'은 숙명적으로 공존할 수 없는 운명이었다. 네 차례에 걸친 칭기즈칸의 서하원정은 두 제국 모두를 불행한 결과로 이끌었다. '대칸'은 제국의 완성을 직접 보지 못한 채 서하제국의 류판산에서 삶을 마감했다. 서하 역시 개국 2백주년을 기념하지 못한 채 무참하게 몽골군의 칼날에 무너지고 말았다.

몽골병사들이 무차별적으로 항복한 도성의 살아있는 모든 것을 도륙했다고 하더라도 운좋게 살아남은 서하 유민은 있었을 것이다. 칭기즈칸의 복수를 위해, 서하를 존재하지 않았던 제국처럼 없애버렸다고 해도, 수많은 서하백성들은 몽골병사들의 서슬퍼런 칼날을 피해 야반

도주했을 것이다.

사라진 제국, 서하에 대한 이야기는 '닝샤 회족자치구'의 성도인 인촨(銀川) 교외에 위치한 '서하왕릉'을 만나기 전까지는 귀에 들어오지 않았다.

제국이 멸망한 후, 천년이 지났는데도 왕릉의 형태 그대로 살아남아 발굴된 서하왕릉의 존재는 신비, 그 자체였다. 이집트 석조피라미드처럼 조성됐으나 오랜 세월에 풍화된 황토무덤은 한여름 태양아래 황금빛으로 작열하는 듯 빛나는 자태로, '동방의 피라미드'라는 별칭으로 성큼성큼 현실로 다가왔다.

서하왕릉과의 조우는 칭기즈칸과 볼모로 잡혀간 서하 공주와의 사랑이라는 비극적 구전설화에 담겨있던 '사라진 제국'을 살아있는 역사로 되살려내는 계기가 되었다.

살아남은 서하 백성들은 자신들의 신분과 역사를 감춘 채 천년동안 숨어살았다. 오로지 살아남기 위해 실크로드의 대제국을 건설한 선조들의 역사를 묻어버린 채 살아온 것은 아닐까. 그러다가 스스로의 정체성마저 잃어버린 것은 아닐까. 궁금했다.

인촨에서 만난 주민들로부터 서하의 후예들이 숨어살고 있는 마을이 그곳에서 그리 멀지 않은 곳에 있다는 이야기를 들었다. 하루라도 빨리 그곳에 가고 싶었다. 그곳이 닝샤회족자치구와 깐수성 경계지역이면서 황허(黃河)가 굽이쳐 흐르는 험준한 산으로 둘러싸인 첩첩산중 마을, '난창탄춘'(南长滩村)이었다.

초원의 실질적인 지배자는 실크로드의 대상이었다. 서하는 실크로드를 장악한 후 제국으로 성장할 수 있었다.

#

1038년 실크로드의 서북쪽, 지금의 오르도스(Ordos)라 불리는 초원지대를 중심으로 세력을 키워오던 유목민족, '당샹족'의 우두머리 리위안하오(李元昊)는 국호를 '대하'(大夏)로 한, 제국의 건국을 대내외에 선포했다. 대하는 국력이 약해진 송(宋, 북송)나라와의 전쟁에서 번번이 승리, '공물'을 받는 등 실크로드는 물론이고, 지금의 깐수(甘肅)성과 네이멍구(內蒙古)지역까지 지배력을 확장, 초원과 사막으로 연결된 실크로드의 명실상부한 '패권자'로 자리 잡았다.

중원(中原)왕조 '송'(宋)은 대하 개국 초기, 군신관계를 강요하면서 동등한 대국으로 인정하지 않으려고, 중국 고대왕조의 하나였던 '하'

제1부 서하 19

(夏)나라와 구분하겠다는 의도와 지리적으로 송 왕조의 서쪽에 위치해 있다는 점 등을 근거로 대하를 '서하'(西夏, 시샤)라 불렀다.

이 때부터 서하는 중원을 차지한 송(宋, 960~1279, 송~남송)과 거란족이 세운 요(遼, 916~1125). 요를 멸망시킨 후의 여진족의 금(金, 1115~1234)과 '삼국'시대를 2백여 년 동안 지속하게 된다.

서하는 실크로드의 요충지를 차지, 동서교역을 매개하면서 부를 축적했고 한자(漢字)에서 차용한 독자적인 '서하문자'를 창안해서 보급하는 등 독창적인 문화를 꽃피우기도 했다.

서하의 개국황제 리위안하오는 원래 선비족의 일족인 '당샹족'으로 원래는 '탁발'(拓跋)씨였으나 883년경 당(唐)나라 황실(皇室)의 성씨인 이(李)씨 성을 하사(下賜)받은 뒤로 탁발씨는 이씨 성을 병용했고 그래서 중국사서에 리위안하오로 기록됐다.

2
서하와 몽골의 20년 전쟁

 칭기즈칸이 초원의 몽골부족을 통합하기 전까지 실크로드의 지배자는 서하였다. 서하는 오랫동안 초원을 유랑하던 유목부족에 불과하던 몽골족과도 교역을 하는 등 우호관계를 갖고 있었다. 서하는 개국 초기에는 초원을 누비던 유목민족답게 기병을 대거 양성하는 등 강력한 군사력을 갖췄다. 중원의 송(宋)이 개국에 앙심을 품고 끊임없이 침공해와도 번번이 승리할 정도로 강했다. 송의 봉토국(封土國)에서 독립하면서 송의 공격에 대비해야 했고 이웃한 요(遼)와도 경쟁관계였기 때문에 전쟁에 대비하지 않을 수 없었기 때문이다. 요나라와는 강화조약을 통해 '짧은' 평화를 누리기도 했다. 요나라 땅에서 여진족의 금나라가 발흥해서 요나라를 무너뜨리자 서하는 금과 동맹관계를 맺었다. 금과의 관계를 통해 중원의 송나라를 견제하는 외교전략을 통해 생존하는 길을 선택한 것이다.
 개국한 후 100여 년 이상 계속, 이웃 대국들과 전쟁을 치르고 때로는 공물(供物)을 바치느라 서하의 국력은 서서히 떨어질 수밖에 없었다. 황제들의 양위(讓位)과정에서 쿠데타가 벌어나는 등 국내적으로도 부패와 혼란이 극심했다. 서하의 9대 황제, '환종'(桓宗)이 즉위한

1193년경, 서하의 운명은 이미 기울었다.

그 때 초원에 새로운 패자가 나타났다. 초원을 떠돌던 몽골족을 통합한 '테무진'이 초원의 초강자로 등장하면서 새로운 제국의 수립을 목전에 두고 있었다.

1203년 몽골의 우두머리가 된 테무진은 케레이트(克烈部)를 복속시키고 초원을 장악했다. 케레이트의 우두머리 왕한(王汗, 옹칸)이 죽고 그의 아들 상쿤(桑昆, 셈궁)은 서하제국으로 도망갔다. 상쿤은 서하에서 오래 머물지 못하고 쫓겨났다.

그러나 2년 후인 1205년, 테무진은 직접 군대를 이끌고 서하를 공격했다. 케레이트의 아들을 받아줬다는 괘씸죄였다. 칭기즈칸의 첫 '서하원정' 명분이었다. 칭기즈칸은 서하의 변경지역을 마음껏 유린하고 약탈하고는 되돌아갔다.

서하 황제는 몽골의 침략을 막겠다며 수도인 '싱칭부'(興庆府)를 '중싱부'(中兴府)로 개명했다. '제국의 중흥을 도모하겠다'는 뜻이 담겨 있었지만 사실상 이 때부터 제국은 몽골의 지배하에 놓이게 된 반증이라고 해도 과언이 아니다.

초원의 한 유목부족 우두머리에 불과했던 테무진은 1206년 몽골국 건국을 선포하고 '칭기즈칸'이 되었다.

서하제국에서도 쿠데타가 일어나 이안전이 환종을 죽이고 스스로

'양종'(襄宗)으로 즉위했다. 그로부터 얼마 지나지 않은 1207년 칭기즈칸은 2차 서하원정에 나섰다. 서하의 동북쪽 오르도스 전역을 장악하고 있는 '금'(金)을 공격하기 위해서는 먼저 금나라와 동맹관계를 맺고 있으면서 금보다 약한 서하부터 복속시켜야 한다는 이유에서였다.

서하가 타고난 전략가였던 칭기즈칸의 희생양이 된 이유다. 서하는 이미 국력이 약해질 대로 약해진데다 쿠데타의 후유증이 가시지 않은 터에 칭기즈칸의 대군이 쳐들어오자 쉽게 무너졌다. 칭기즈칸은 오르도스지역에 있는 서하의 군사요새 우루오하이성(斡羅孩)을 점령했다. 그러나 서하군이 강하게 저항하자 더 이상 공격하지 않고 일단 물러났다.

1209년 칭기즈칸의 3차 서하원정은 서하의 운명을 결정지었다. 대칸의 10만 대군은 2차 원정에서 점령한 우루오하이성을 다시 쉽게 공략했고 서하군을 대파한 후 사막의 흑수성으로 향했다가 곧바로 황허(黃河)를 따라 서하의 수도인 싱칭부를 포위하기에 이르렀다,

다급해진 서하황제 양종은 동맹인 금나라에 지원을 급하게 요청했으나 칭기즈칸의 대공세에 놀란 금나라는 지원군을 보내지 않았다.

속전속결의 기동력 중심의 기병 위주 칭기즈칸의 몽골군은 실크로드의 요충지에 높은 성벽으로 견고하게 쌓아올린 '오아시스' 도시, 싱칭부를 공략하는 방법을 몰랐다. 성(城)을 공략하는 '공성전'(攻城戰) 경험이 부족한 몽골군은 10만의 서하군(西夏軍)이 문을 걸어 잠그고 방어하는 성을 쉽게 무너뜨릴 수 있는 전술이나 전차조차 없었다.

무려 6개월 간 싱칭부를 포위하고 공략했지만 성은 쉽게 무너지지 않았다. 몽골군은 성으로 흐르는 강을 막고 둑을 쌓아 터뜨리는 수공(水攻)전략을 구사했다. 그러나 수공전략을 구사하기도 전에 쌓던 둑이 몽골군 쪽으로 터지는 바람에 성공하지 못했다.

그러나 시간이 흐르자 서하황제 양종은 더 이상 버티지 못하고 성문을 열었다. 서하황제는 공주를 칭기즈칸에게 바치면서 화평을 요청했고 이후부터 서하는 몽골의 신하국으로 해마다 공물을 바쳤다. 막대한 전쟁배상금도 지불했고 금나라 원정에도 지원군을 보내는 등 몽골의 지배하에 놓였다.

칭기즈칸이 돌아가자 서하는 몽골의 침공에 맞서 금에 요청한 군사지원이 거절당한 데 대한 보복으로 금나라와 10년 전쟁을 벌였다. 이 '서하-금'간의 쓸데없는 전쟁은 두 나라 모두를 처참한 결과로 이끌게 된다. 장기간의 소모전으로 국고는 바닥이 났고 군사력도 최악의 수준으로 떨어졌다, 몽골의 간섭이 뜸한 틈에 서하황제는 주색에 빠졌고, 무능한 황제로 인해 서하의 국력은 점점 피폐해져갔다.

오랜 전쟁은 서하를 파탄으로 이끌었다. 서하는 몽골의 복속하에 금나라와 자존심을 건 간헐적인 전투를 지속하면서 제국으로서의 품위유지에만 골몰하는 곤궁한 처지였다.

1217년 칭기즈칸은 서하 황제에게 칭기즈칸의 호라이즘 원정에 지원군을 보낼 것을 요청했다. 칭기즈칸의 요청은 복속된 서하에 대한 거부할 수 없는 명령이었다. 그런데도 쿠데타가 빈발하고 왕권을 뺏고 뺏는 데에만 정신이 팔려 국제정세에 둔감해진 서하는 칭기즈칸의 지원군 요청을 거절하는 실수를 저질렀다. 서하는 칭기즈칸의 호라이즘 원정이 실패할 것으로 예단했다. 칭기즈칸은 서하의 지원군 요청 거부를 복속의무 위반으로 받아들이고 대노했다.

"능력도 없으면서 칸은 다 무엇이냐!"

칭기즈칸의 사신을 문전박대한 서하 황제는 몽골군의 호라이즘 원정을 가소롭다고 판단한 것이다.
서하의 비극은 그때 결정된 것이나 다름없었다.

서하는 취약해진 자국의 국력에는 눈감은 채, 송나라와의 동맹을 통해 칭기즈칸의 공세에 맞서려고 시도했다.

서하의 예상과 달리 칭기즈칸은 호라이즘 원정을 성공리에 마치고 금의환향했다. 대칸은 원정에서 돌아오자마자 서하원정을 준비시켰다.

1226년, 대칸은 18만의 대군을 이끌고 4차이자 자신의 마지막 서하원정에 나섰다.

칭기즈칸의 몽골군은 양 쪽 방면으로 공격해 들어갔다. 18만 대군이 동시에 출병해서 1진은 서하의 변경요충지인 흑수성을 공격하도록 하고 본진은 서쪽으로 진격해서 도성으로 향했다.

　실크로드 최대의 요새도시인 흑수성(黑水城, 카라호토)을 공략하는 데 많은 시간이 걸린 몽골의 대군은 흑수성을 격파한 후 남서쪽으로 진군해나갔다. 흑수성에서 지체된 데 화가 난 몽골군은 파죽지세로 서하의 사막 도시들을 유린하고 철저하게 파괴했다.

　흑수성을 함락시킨 몽골군은 남동진하다가 어지나강(額濟納河) 동쪽 치롄산맥 자락에 도착, 원정군을 분산했다. 주력군은 곧바로 도성을 향해 진격한 본진과 합류하도록 했고 일부 부대는 서하의 서쪽 도시들을 휩쓸도록 했다.

　1226년 8월 칭기즈칸이 이끄는 본진은 싱칭부를 포위한 채 사막의 폭염을 피해 류판산에 휴양소를 세우고 쉬고 있었다. 그 사이 서하제국제2의 도시 우웨이도 함락됐다. 남은 곳은 도성뿐이었다.

그해 11월 칭기즈칸과 몽골군은 서하의 도성에서 30km 떨어진 링우에 도착했다. 서하제국 30만 대군은 황허를 사이에 두고 몽골군과 맞섰으나 세계 최강의 칭기즈칸에 맞서기에는 역부족이었다.

1227년 초 대칸은 싱칭부를 겹겹이 포위하고 서하황제의 항복을 요구했다.

서하 원정에 나선 몽골군 일부는 그 사이 남쪽으로 내려가서 금나라의 변경을 공격하기도 했다. 칭기즈칸으로서는 서하원정의 목적이 서하황제의 무례에 대한 응징일 뿐 아니라 중원진출의 교두보를 확보한 후 금나라가 다음 목표라는 점을 대내외에 공표한 것이다. 금나라 정복에 앞서 서하를 복속시킴으로써 배후의 위협을 사전에 제거한다는 포석이었다.

서하 황제는 항복 외에는 방법이 없었다. 몽골군과 항복협상을 진행하던 중에 진도 7이 넘는 강진이 도성을 덮쳤다. '독 안에 든 쥐' 신세였던 도성은 갑작스런 대지진으로 황궁을 비롯한 대부분의 건물들이 파괴됐다. 아비규환이 따로 없었다.

몽골군의 겹겹 포위는 6개월이 넘어가고 있었다. 서하의 마지막 황제 '말조'는 칭기즈칸에게 사신을 보내 지진수습과 '항복 선물' 마련을 위해 한 달의 시간을 줄 것을 요청하기에 이르렀다.

몽골군은 더 이상 공격하지 않고 성문이 열리기를 기다리고 있었다. 2017년 8월의 어느 날 밤이었다. 칭기즈칸이 갑자기 사망했다.

몽골비사에서는 칭기즈칸이 말에서 떨어진 '낙마사고'로 인한 부상이 심해져서 사망에 이르렀다고 기록돼있지만 사망원인은 지금도 미스터리다. 서하원정이 마무리되기 직전에 갑작스러운 '칸'의 사망은 서하원정 자체를 위태롭게 할 수 있는 중대한 사안이었다. 몽골군은 대칸의 사망을 철저하게 비밀에 부쳤다.

한 달 후 서하 황제는 성문을 활짝 열고 나가 항복했다. 그러나 그는 항복식도 거행하지 않은 채 무릎이 꿇린 채 참수됐다. 몽골군은 칭기즈칸의 유언을 내세워 도성을 파괴하고 살아있는 모든 것을 정지시키고 사라지게 했다.

20년간에 걸친 서하와 몽골의 전쟁은 서하제국의 처참한 파괴와 칭기즈칸의 죽음이라는 비극으로 마무리되었다.

3

난창탄춘 가는 길

 몽골 병사들은 피를 보자 거침없었다. 여섯 달 이상 닫혀있던 성문이 열리자 몽골병사들은 굶주린 짐승처럼 성안으로 몰려 들어가 칼을 휘둘렀다. 불과 한 달여 전 일어난 대지진으로 폐허가 되다시피 한 성안의 풍경은 다시 끔찍한 살육전이 벌어지는 전장으로 변했다. 살아 움직이는 생명체라고는 찾아볼 수 없는 싱칭부는 을씨년스러웠다. 굶어죽거나 지진으로 이미 목숨을 잃은 시신들로 가득찬 성내에는 무차별 도륙에 나선 광기어린 몽골병사들로 가득 찼다. 숨어있던 서하백성들이 속속 몽골병사들의 칼날에 쓰러졌다.

 "모조리 죽여라. 살아있는 모든 것들, 나무 한 그루, 풀 한 포기 남기지 말고 없애버려라. 다시는 사람이 살 수 없는 폐허의 땅으로 만들어라…"

 칭기즈칸의 유언을 받아든 몽골병사들의 잔혹한 살육전은 일주일 내내 계속 됐다. 투항한 서하의 마지막 황제 '이현'은 가장 먼저 참수됐다. 칭기즈칸의 지원 요청을 무시한 대가였다. 성안에 남아 있던 황족과 귀족들의 운명도 황제의 뒤를 따랐다. 몽골병사들은 남녀노소를 가리지 않았다. 한때 실크로드를 호령한 대제국 서하의 운명은 그렇게 폐허와 함께 묻혔다. 도성이 함락당하면서 몰래 성을 빠져나간 서하 유민(流民)들의 운명 역시 남아있던 사람들과 별반 다르지 않았다. 대부분이 겹겹이 포위망을 구축하고 있던 몽골병사들에게 잡혀 즉시 참수형에 처해졌고 운 좋게 포위망을 빠져나간 유민의 수는 그리 많지 않았다.

몽골군의 무자비한 살육에 속수무책으로 멸망해버린 서하제국.
항복한 황제마저 참수형에 처하고 힘없는 백성들의 목숨도 살려주지 않는 몽골군의 악행은 서하가 처음이 아니었다. 지옥에서 온 저승사자와 다름없는 몽골군의 초토화작전은 이미 호라이즘 원정에서도 소문이 파다했다. 미리 항복하지 않을 경우 칭기즈칸의 몽골군은 가차없는 초토화와 살육으로 보복했던 것이다.
그런 살육을 피해 목숨이나마 건진, '천운'을 움켜잡은 사람은 도성에서는 드물었다. 불타는 도성을 뒤로하고 몽골 병사들의 추격하는 말발굽 소리가 들리지 않는, 깊은 산 속으로 도망친 사람들은 그나마 목숨을 부지할 수 있었을 것이다.

살아남아 도망친, 서하인들이 숨어살던, 그래서 '마지막 서하 마을'(西夏村)이라 불리고 있는, '난창탄춘'을 찾아 나섰다.

닝샤 회족자치구(宁夏回族自治区)의 성도(省会)인 인촨(银川)을 떠난 지 세 시간이 지났지만 난창탄춘을 가리키는 이정표는 나타나지 않았다. 기사는 '그 곳(난창탄춘)에 한 번 가본 적이 있다'며 이정표 하나 보이지 않는 비포장도로로 접어들었다. 닝샤 전도(全圖)에도 표시되지 않는 난창탄춘이었다. 그곳은 아직까지 지도에도 공식적으로 표기되지 않은 세상과 동떨어져있는 비밀의 땅이었다. 비포장도로의 요철로 덜컹거리는 중국산 승합차의 뒷좌석에서 조용히 눈을 감았다. 내가 지금 찾아 나선 이 길 위를 800여 년 전, 서하유민들이 내달렸을 것이라는 생각이 들었다. 그들은 어떤 심정이었을까. 서하제국 마지막 날의 비극이 눈에 선하게 떠올랐다.

난창탄춘으로 통하는 유일한 통로는 이 황허를 가로지르는 낡은 도선뿐이었다.

그 때 이 길은 삶과 죽음을 가르는 경계선이었을 것이다. 몽골병사들에게 무참하게 살육당해 제국은 사라졌고 '단 한 사람도 살려두지 말라'는 칭기즈칸의 유언에 따라 서하 땅에서는 황제도 죽임을 당했고 살아 숨 쉬는 짐승은 물론이고 풀 한 포기조차도 살아남을 수 없었다. 한 달여간에 걸친 몽골군의 잔인한 복수의 칼날은 전쟁의 승리를 만끽하는 그것이 아니라 처참한 복수의 그것이었다. 서하는 더 이상 사람이 살 수 없는 버려진 땅이 되었고 200년에 이르는 서하의 역사는 누구도 입에 담아서는 안 되는 금기가 되었다.

잔혹한 칼날을 피해 가까스로 살아남은 서하의 후예들은 어디에서도 자신들이 멸망한 제국의 후예라는 사실을 드러낼 수도 없었고 드러나서도 안 되는 비밀이었다. 깊은 산속으로, 혹은 황허의 탁류에 몸을 의지해 몸을 피한 서하의 후예들은 세상 사람들의 기억에서 '서하제국'의 기억이 흐릿해질 때까지 신분을 속이고 감추고 혹은 다른 제국의 신민으로 신분을 세탁해서 살아야 했다. 칭기즈칸의 후예들이 다스리는 제국에서는 숨 쉬기조차 힘들었을 것이다. 그러는 사이 스스로 자신들의 제국에 대한 기억은 물론, 민족의식과 고유의 '서하문자'도 잃어버렸다.

서하유민들이 흘러들어와 대대로 살아온 '난창탄춘'(南长滩村)은 지금까지 세상에 알려진 거의 유일한 '서하촌'이다. 서하제국의 후예라는 정체성을 숨긴 채 800여년을 살아남은 사람들이 뒤늦게나마 자신들의 조상을 세상에 밝히고 나선 것은 무엇 때문일까. 칭기즈칸에 의해, 몽골병사들에 의해 죽임을 당하고 멸망한 제국은 다시 퍼즐조각

들처럼 조각조각 맞춰지고 있는 중이다.

 난창탄춘이 서하 유민들이 숨어 들어와 대대로 살아 온 마지막 '서하마을'이라는 사실이 확인되자, 사라진 제국 서하를 연구하는 역사학자와 여행객의 발길이 20여 년 전부터 잦아졌다. 그러나 지금도 여전히 난창탄춘은 일반인들이 쉽게 찾아낼 수 없는 오지였다.

 내비게이션에도 나타나지 않는 그곳을 제대로 찾아낼 수 없어서인지 30여분, 제자리를 뱅뱅 도는 듯 헤매고 있었다. 얼마 전 내린 폭우로 길이 사라졌기 때문이었다. 도로는 산사태가 난 듯이 커다란 바위들이 길을 막기도 했고 자동차는 도로확장공사를 하다가 파헤쳐놓은 웅덩이를 피하기도 어려울 정도로 울퉁불퉁했다. 그 때마다 자동차에서 내려 웅덩이를 빠져나올 수 있도록 힘껏 밀어야 했다.

 마주 오는 자동차마다 '이 길이 난창탄춘으로 가는 길이 맞는지'를 물어봤지만 속 시원한 대답은 단 한 번도 듣지 못했다. 주변이 마치 탄광 속을 달리는 듯 온통 잿빛 일색이었다. '노천 탄광'을 지나고 있었다. 닝샤(寧夏)회족자치구와 깐수(甘肅)성은 중국의 주요 석탄산지라는 명성에 걸맞게 산 전체가 석탄으로 형성된 경우가 많아 노천탄광들도 곳곳에 있었다. 막 채탄한 석탄을 가득 실은 화물트럭들이 좁은 도로를 가득 메우고 있기도 했지만 대부분의 노천탄광들은 채탄을 중지한 폐광처럼 인기척이 느껴지지 않았다. 석탄수송차량 때문인지 아니면 탄광 주변에 야적해 둔 석탄가루가 바람에 날린 탓인지 길은 잿빛으로 칙칙했고, 황량하고 을씨년스러운 분위기를 배가시켰다.

마을 앞으로 황허가 반원처럼 굽이쳐 흐르고 사방이 산으로 둘러싸인 천혜의 요새같은 곳이 난창탄춘이다.

다시 한 시간을 더 달렸을까? 차창 밖으로 요란한 물소리가 들려왔다. 보이지는 않았지만 근처에 급류가 흐르는 모양이었다. 자동차는 갑자기 좁은 골짜기로 들어갔는데 눈앞에서 길이 사라졌다. 황톳빛 거센 물결이 출렁거리는 황허였다. 다리는 없었다. 길은 여기까지였고 길의 끝에는 나루터가 있었다. 이 강을 건너면 난창탄춘으로 들어가는 초입이었다.

이곳에 도착한 서하유민들의 심정은 어땠을까? 살아남은 그들은 몽골병사들의 추격에 조마조마해하면서 이 강을 건널 배를 찾았을 것이다. 얼마나 다급했을까… 지금은 이곳이 닝샤회족자치구와 깐수성을

제국의 초상, 닝샤

구분짓는 불분명한 경계지만 당시는 그저 추격자를 피할 수 있는 오지 중의 오지였을 것이다. 쫓기는 서하유민들에게는 막다른 골목과도 같은 급류지만 강을 건넌 후에는 안도의 한숨을 내쉴 수 있는, 더할 나위 없는 안식처로 인식됐을 것이다. 눈앞에서 휘감아치는 황허는 칭하이 성에서 발원, 이곳을 거쳐 깐수성으로 흘러들어갈 것이다. 이미 황토고 원지대를 거치면서 강물은 황토를 머금었고 고원지대인 깐수성을 가로지르면서는 완연한 황토강이 될 것이다. 그래서 '황허' 아니었던가.

 칭하이성을 휘둘러 온 황허는 이 곳 난창탄춘에 와서 반달모양으로 반원을 그리면서 크게 굽이쳐 흐른다. 난창탄춘은 천혜의 요새와 다름없었다. 난창탄춘으로 들어가는 입구는 이 나루터가 유일했다.

 이 '나루터'가, 아니 나루터에 매어둔 조그만 배 한 척이 난창탄춘을 세상과 이어주는 유일한 통로다. 나루터에는 쇠줄에 묶인 도선(導船) 한척이 있었다. 그러나 굽이쳐서 돌아온 황허의 물살이 거칠어서 금세라도 휩쓸려 떠내려갈 듯 도선은 흔들리고 있었다. 뱃사공은 보이지 않았다. 다행히도 나루터의 철제 기둥에 연락처가 적혀 있었다.

 뱃사공을 부르려고 휴대전화로 전화를 했지만 불통이었다. 통화가능 여부를 알리는 '막대눈금'이 단 하나도 표시되지 않았다. 산으로 가로막힌 이곳은 이젠 중국 어디에서도 터지는 휴대전화마저 불통인 오지 중의 오지였다. 배를 타지 못하는 난감한 상황이었는데 갑자기 뱃사공이 왔다. 잠시동안 자리를 비운 모양이었다.

 그는 익숙한 솜씨로 이리저리 손짓을 하면서 승합차를 도선에 안내했다. 마치 시골에서 볼 수 있는 경운기 엔진같이 투박한 도선의 엔진에 시동을 걸자 강 양쪽에 연결된 쇠줄에 고정돼있던 배가 천천히 강 건너편을 향해서 움직이기 시작했다. 도선은 세찬 물결에 흔들거리면

황허는 어머니의 강이라 불릴 정도로 중국인에게 친근하면서도 신성시되는 강이다. 칭하이성에서 발원한 황허는 닝샤와 깐수를 거쳐가면서 황토고원지대를 통과하느라 황토흙을 머금어 황톳빛을 띠게 된다. 그래서 황허다.

서도 쇠줄에 고정된 덕분에 천천히 강을 가로지르고 있었다. 강폭이 50여 미터 남짓 밖에 안됐지만 물살이 빠른데다 위험해서 안전하게 강을 건너는 데는 무려 30분이 걸렸다.

건너편 나루터에 내리자 난창탄춘을 가리키는 이정표가 눈에 들어왔다. 드디어 난창탄춘이다.

'닝샤 황허 디이춘'(宁夏黃河第一村, 닝샤회족자치구에서 황허가 만든 첫 번째 마을), 난창탄춘은 칭하이성에서 발원한 황허가 닝샤로 들어와서 맞이하는 첫 번째 마을이라는 것이다.

800여 년 동안 존재했다는 사실 조차도 전설속의 이야기로만 전해질 뿐 완전히 잊혀지고 역사에서도 사라진 서하제국. 세상과 격리된 그 곳에 들어가면, 박제된 듯 옛날 그 모습 그대로의 서하제국이 눈앞에 나타날 것 같은 느낌이었다.

그곳은 서하의 마지막 후예들이 살아남아, 그들이 영화롭게 한 대제국, 서하를 기억하면서 대대손손 살아온 땅이다. 사방이 해발 2,000m가 넘는 험준한 산맥과 황허의 거센 물살로 가로막혀 있어서 외부인의 침입을 전혀 받지 않았기 때문에 천혜의 요새처럼 이들은 살아남을 수 있었다.

이정표를 따라서 천천히 마을 입구 쪽으로 몇 발자국 걸어갔지만 인기척은 느껴지지 않았다. 정말 그들이 사는 마을이 있는 것일까. 서하에 대한 관심이 일자 뒤늦게 민속촌처럼 '가짜 서하마을'을 꾸며놓은 것은 아닐까하는 의심이 들었다. 조금 더 들어가자 길은 점점 더 넓어졌다. 산자락을 돌아나가자 이런 첩첩산중에 작은 평야가 있을까라는 생각이 들 정도로 들판에서 추수하는 사람들의 모습이 눈에 들어왔다. 중국 여느 농촌에서 볼 수 있는 풍경처럼 들판에서는 많은 사람들이 함께 분주하게 추수를 하고 있었다. 황허의 거친 물살이 굽이치면서 형성한 모래톱이 서하유민들에게 살아남을 수 있는 비옥한 농경지를 선사해 준 모양이었다. 마을의 전경이 한 눈에 들어왔다.

난창탄춘은 험준한 산이 겹겹이 사방을 포위하듯이 감싸고 있고 남쪽으로는 황허가 반원을 그리면서 흐르는 요새와도 다름없는 지형이었다. 대충 어림잡아도 마을은 200호가 넘지 않는 작은 규모였다. 모래톱이 형성한 남쪽 강가에는 수백여 년 동안 마을사람들과 세월을 함께 해 온 배나무 1,000여 그루가 자생하는 배나무 과수원 단지가 있었다. 배나무 숲이 만들어낸 녹색은 사방이 온통 회색과 암갈색 일색인 산악지방이 만들어 내고 있는 삭막한 분위기와 대조적이었다. '난창탄춘'은 스스로 세상과 멀어지고 싶어 했다. 그래선가 더 더욱 이곳은 지상의 낙원(樂園)같이 숨어있는 '무릉도원'의 비밀스러우면서 달콤하고 평온한 분위기가 물씬 풍겨났다.

마을 한가운데로 들어서자 8백여 년 동안 세상과 격리된 마을답지 않게 마을 한가운데 우뚝하니 위성안테나가 세워져있었다. 이미 이곳도 바깥세상과의 소통과 교류가 본격화되는 모양이다. '신중국' 이후 모든 것이 변하기 시작했다. '개혁개방'의 산물로 이 오지마을까지 전기가 들어오면서 TV가 보급되는 등 세상과 이어지게 된 것이다. 여전히 우리가 사는 세상과 단절된 예전 그대로 살아갈 것이라고 생각한 것은 착각이었다.

난창탄춘 역시 '신중국'의 새로운 관광자원으로 각광을 받기 시작했다. 이곳에 사는 사람들이 서하의 후예라는 사실이 역사학계의 고증을 통해 확인되자 중국 정부가 최근 이곳을 닝샤회족자치구 최초의 '역사문화마을'로 공식 지정하면서 개발에 나서기 시작했다. 자치구 정부도 이에 가세해서 닝샤(宁夏)를 상징하는 '서하(西夏)제국'의 후예들이 사는 곳으로 난창탄춘을 본격적으로 외부에 소개하기 시작했다. 전기와 유선전화 등의 인프라가 깔리기 시작했고 위성안테나를 통해 이곳에서도 TV를 시청할 수 있게 되는 등 세상과의 소통이 본격화되고 있었다. 나루터에서 터지지 않던 휴대전화는 마을 한 가운데 있는 언덕에 올라

서자 통화가 가능했다. 개혁개방이 난창탄춘도 개방시키고 있었다.

그러나 아직 궁금증이 해소되지 않았다. 이곳에 살고 있는 사람들이 정말로 제국의 후예들인지 확인하지 못했다. 마을에서 대대로 전해지던 전설(傳說)이나 설화를 관광자원의 하나로 적극적으로 활용하고 있는 것은 아닌지 모르는 일이었다. 오랫동안 외부와 철저하게 격리된 자연환경이 자신들의 조상이 서하의 후예들이라는 설화를 과장하게 만들었을 수도 있다. 마을사람들을 직접 만나서 확인해본다면 비밀의 실마리를 풀 수 있을 것 같았다.

마을로 들어서자 한가운데에 작은 광장이 있었고 그 앞에 상점이 있었다. 농자재와 라면 등의 즉석식품, 과자 등의 공산품이 진열된 이곳은 난창탄춘내 유일한 슈퍼마켓, '농쯔차이디엔'(農資材店, 농자재잡화점)이다. 상점 안으로 들어가자 동네사람들이 갑자기 몰려들었다. '한국에서 온 여행자'라며 소개하자 누군가 이방인에 대한 경계심을 누그러뜨리고 말을 걸어왔다. 촌장이었다. "푸퉁화(普通话, 표준말)를 쓸 줄 안다"는 그는 곧바로 마을에 대한 가이드 겸 통역을 자처하면서 난창탄춘을 소개하겠다고 했다.

그는 "이곳에 서하제국의 후예들이 정착해서 살고 있어서 마지막 서하마을로 알려져 있다"면서 "(나의) 조상들은 원래 이 마을에 살고 있던 토박이인데 아주 오래 전에 서하제국이 칭기즈칸에 의해 멸망한 후 한 떼의 유민들이 이 마을로 찾아왔길래 이웃으로 받아들여줬다는 이야기를 들었다"고 말했다.

중국 어느 가정에서와 마찬가지로 서하의 후예도 마오쩌둥의 사진을 신주단지처럼 모시고 있다. 아래쪽 중앙에는 관우상 그리고 왼쪽에는 조상의 사진을 모셔두고 있었다.

제국의 초상, 닝샤

촌장은 마을에 살고 있는 서하제국 후예를 소개해주겠다며 앞장섰다. 촌장은 마을 안쪽 골목길로 접어들더니 아주 잘 정돈된 중농(中農) 정도로 보이는 집 안으로 들어갔다. 집 마당에서는 마침 탁씨(拓氏) 성씨(姓氏)의 노인이 갑작스럽게 찾아간 이방인들을 맞았다. 노인의 성이 탁씨라는 말을 듣고는 서하제국 개국 황제 '리위안하오'의 원래 성이 '탁발'(拓拔)씨였다는 사실이 떠올랐다. 대부분의 당샹족은 선비족의 일족으로 '탁발씨'였다. 탁씨(拓氏) 할아버지의 선조들은 이곳에 숨어살면서도 자신들이 서하후예라는 것을 잊지 않기 위해 서하의 유산으로 탁씨 성(姓)을 고집스럽게 버리지 못했던 것이 아니었을까.

"당신이 서하제국의 후예라고 하는데 그것을 증명할 수 있나요? 어떻게 당신의 조상이 서하의 마지막 후예들이었다는 것을 알고서 당당하게 알리게 되었나요?"

나의 도발적인 질문에 그는 그런 질문을 자주 받은 듯한 표정으로 싱긋이 웃으면서,

"어릴 때부터 어른들이 늘 그런 이야기를 하면서 절대로 우리의 조상을 잊어서는 안 된다고 말씀하셨어요. 우리가 누구였는가를 절대로 잊어시는 안 된다고 말이지… 우리는 서하사람이거든…"

그러면서 그는 자신의 얼굴을 가리켰다. 아버지와 할아버지는 물론이고 자신의 조상들은 모두 자신처럼 머리가 컸고 얼굴이 보통사람보다 유난히 길었다. 그의 외모는 중국 한족(漢族)과는 전혀 달랐다. 아

마지막 서하 후예의 가족사진. 할아버지는 영락없는 서하인이었다. 할머니는 닝샤회족자치구와 인접한 깐수성에서 시집온 한족이다. 그래선가 아들의 모습에서는 서하의 후예보다는 한족의 모습이 더 강하게 드러났다.

랍계도 아니었고 위구르인과도 달랐고 자세히 들여다보니 서하박물관에서 본 개국황제의 이미지와 겹쳐지는 부분이 적지 않았다. 당샹족은 다른 민족보다 다소 긴 얼굴형과 큰 머리가 특징적이었다.

"나처럼 글을 읽을 수 없는 사람은 역사를 잘 몰라요. 그러나 우리는 가문에 대한 자부심은 강해요. 아버지는 늘 우리에게 조상을 잊어서는 안 된다고 하셨어요. 서하제국의 역사는 위대했다고 자랑하셨지…"

그는 조상의 말을 전하면서 스스로도 서하의 후예라는 점에 대해 강한 자부심을 일부러 드러내는 듯 했다.

촌장은 서하의 후예가 아니었다. 그의 성씨는 천(陳)씨였다. 탁 할아버지에게 촌장이 화답했다.

"이곳에 원래 살고 있던 토박이들은 나와 같은 천씨들입니다. 어느 날(서하제국이 망한 직후) 서하의 유민들이 도망쳐 마을로 들어왔습니다. 마을 회의를 열어 그들을 불쌍히 여겨 함께 살 수 있도록 받아들였다고 들었습니다."

촌장은 보다 구체적으로 덧붙였다.

"우리 마을에 처음 들어온 서하유민들은 서하제국 후예들 중에서도 아주 신분이 높은 분들이었다고 합니다. 그래선지 그들은 물건을 사고 팔 줄도 몰랐고, 농사도 짓지 못하는 등 처음에는 스스로 할 수 있는 게 아무 것도 없는 사람들이었습니다. 그러다가 차츰 이곳에 적응하면서 농사도 짓게 되었고 마을사람들과 어울리면서 수백여 년 동안 함께 살아가게 된 것입니다."

시하 후예들의 생존기는 역사 속에 꽁꽁 숨어있던 전설같은 이야기가 아니었다. 왕족이었더라도 이 첩첩산중에서 살아남기 위해 농사를 짓고 이들과 마찬가지로 평범하게 살아야 했을 것이다. 처음에는 서하제국 재건의 꿈을 가졌겠지만 대를 이어 시간이 흘러갈수록 서하에 대한 기억을 어렴풋이 잊어버리고 살 수 밖에 없었을 것이다.

아무나 들어오지 못할 정도로 폐쇄적인 이 난창탄춘까지 도망쳐서 살아남은 서하유민들은 촌장이 전해준 것처럼 당시 왕족이나 귀족 등 상당히 신분이 높았을 지도 모른다. 그런 사람들이 아니었다면 온 가족이 남부여대(男負女戴)해서 아비규환의 살육을 피해 여기까지 올 수 없었을 것이다.

마을에 들어온 후 그들은 마을에 적응하기 위해 부단한 노력을 기울였을 테고 과거의 신분을 감추거나 잊고 농사를 짓고 양을 기르고 자급자족의 생활을 할 수 밖에 없었다. 아마 도망치면서 가져온 보물이 있었더라도 그런 값비싼 장신구들은 이런 오지에서는 아무런 의미가 없었을 것이다.

탁씨 할아버지의 부인이 그 사이 모처럼 바깥세상에서 귀한 손님이 왔다며 점심상을 차렸다. 한국은커녕 난창탄춘 바깥으로도 나가본 적이 거의 없다는 그녀는 '외국에서 온 손님'이라며 점심을 먹고 가라고 청했다. 그녀는 강가에 있는 텃밭에 가서 직접 기른 채소를 챙겨와서는 서하마을 특색의 요리를 해주겠다고 했다. 난창탄춘의 뜨거운 태양을 한나절동안 겪은 뒤라 시장기가 동했다. 부엌에서 나는 중국요리 특유의 진한 향이 코끝을 자극했다. 시장이 반찬이라지만 진수성찬이었다. 중국 농가의 가정식 요리(쟈창차이, 家常菜)인데다 서하의 후예와 함께 하는 밥상이라 더 맛있었다. 물론 서하제국 고유의 음식이라거나 중국의 다른 지방과 다른 이 지방만의 특색있는 요리는 아니었지만.

서하의 마지막 후예 탁씨 할아버지. 그는 자신들이 서하의 후예라는 사실을 자랑스러워했다.

난창탄춘에 오기 전에 갔던 서하왕릉이 떠올랐다.

이집트 파라오의 무덤 '피라미드'를 닮아 '동방의 피라미드'로 불리고 있는 서하왕릉. 서하왕릉은 인촨에서 북쪽으로 50여km 떨어진 허란산(賀蘭山) 아래쪽에 조성된 서하제국 황제들의 능원(陵園)이다.

허란산은 해발 3,000m가 넘는 고산이었지만 곳곳에서 보이는 고대 문명의 흔적들이 남아있어 고대로부터 신성시됐던 곳이다. 특히 허란산 곳곳 가파른 절벽에 새겨진 암각화에서 발견된 '태양'은 이들이 태양신을 숭배해 온 사람들이라는 것을 뜻한다. 난창탄춘에서 만난 서하의 후예 역시 사막과 초원을 지배하던 태양신을 숭배하던 민족이 아니었을까.

그만큼 난창탄춘에서 만난 태양은 뜨겁고 강렬했다.

탁씨 할아버지 바로 옆집에 사는 사람도 같은 탁씨였다. 마당에서 일을 하던 그는 자신 역시 서하 후예라는 사실을 당당하게 밝혔다. 그는 사라진 제국에 대한 이방인의 호기심 못지않게 자신들의 조상을 찾아 나선 동방의 예의지국에 대한 관심을 보였다. 우리에게 서하가 호기심을 끌듯이, 세상과 소통하기 시작한 그들에게도 한국은 신비의 나라일 수도 있을 것이다.

4
초원의 지배자, 서하제국

　실크로드라 불리는 대 사막과 초원에는 무수히 많은 부족들이 떠돌고 있었다. 그러나 초원을 제패한 제국은 서하(西夏)와 몽골, 두 제국밖에 없었다.

　유목민족 당샹(党项, 탕구트)족이 건설한 서하는 제국을 건국하면서 오히려 유목민족 특유의 건강함을 잃었다. 서하가 실크로드 중개무역의 재미에 빠져있는 사이, 몽골족은 '칭기즈칸'이라는 새로운 영웅을 탄생시켰다. 실크로드의 패자는 둘이 될 수 없었고 떠오르는 태양을 감당할 수 없었다. 전쟁은 필연적이었다. 20년간에 걸친 서하와 몽골 두 제국의 전쟁은 결국 구 제국을 멸망시켰고, 원정에 나선 신흥 제국의 영웅, 칭기즈칸의 운명도 서하 땅에서 그 수명을 다하게 했다.

　칭기즈칸이 '쿠릴타이(1195-1197년)'에서 칸으로 추대되기 전까지 몽골족은 초원을 떠도는 '수많은' 유목부족 중의 하나였다. 유목부족을 통일시킨 '테무친'은 1206년 두 번째로 열린 쿠릴타이에서 '대양의 군주'라는 뜻의 **'칭기즈칸'**으로 불리면서 황제에 올랐다.

　초원을 정복한 칭기즈칸은 남쪽 중원으로 진출하기 시작했다. 첫 상대는 대륙의 북쪽을 장악하고 있던 여진족이 세운 금나라였다. 1215년

서역대상 - 회향문화원박물관

금나라의 수도 베이징이 함락됐다.

칭기즈칸에 앞서 초원에서 제국을 세운 '요(遼)나라' 역시 유목부족인 거란족이었다. '야율아보기'(耶律阿保機)가 제국을 건설하기 전까지 거란족은 천여 년 동안 사막과 초원을 전전했다. 요나라를 무너뜨린 여진족 역시 따지고 보면 서하나 거란과 마찬가지로 초원의 유목부족이었다. 부족은 달랐어도 모두 선비족 계통의 한 핏줄이라고 해도 크게 틀린 말은 아니다.

이들 민족 외에도 초원에는 더 많은 유목부족들이 있었다. 돌궐이 있었고 흉노가 있었다. 토번과 위구르, 투르판도 있었지만 이들 유목민족은 부족국가 단위를 넘어 서하와 원과 같은 '제국'을 건설하는 데에는 성공하지 못했다.

'당샹'의 무리들은 가장 먼저 제국을 세우는 데 성공했다. 자신들보다 더 강한 유목민족에 쫓기던 당샹족은 마침내 지금의 닝샤(宁夏) 회족(回族, 후이주) 자치구 지역을 중심으로 정착하면서 본격적으로 세력을 확장하기 시작했다. 공교롭게도 중원의 대제국 당(唐)나라가 서서히 쇠망해가던 시기였기 때문에 서하의 제국건설은 별다른 방해를 받지 않았다.

당나라와 같은 '중원왕조의 몰락'은 초원을 떠돌던 유목민족들에게 동등한 제국건설이라는 기회를 제공했다. 당(唐) 멸망과 동시에 송(宋)이 건국하자, 당샹족은 송 개국 초기의 어수선한 틈을 이용해서 자신들의 정주지를 확장, 독자적인 영주관리체제를 왕권차원으로 강화시켰다. 이어 독자적인 연호를 도입했고, 국호를 하(夏)라 칭하고 영주에서 황제로 지도자의 지위를 격상시켰다. 1038년이었다.

'서하'는 송나라와 버금가는 제국답게 연호를 '대하'(大夏)라고 칭했지만 중원왕조인 송나라에서는 자신들의 서쪽에 위치해있다며 '서하'(西夏)라고 낮춰서 불렀다.

대하는 송나라의 관료제도를 차용했지만 한자를 차용한 독자적인 '서하문자'를 만들어 사용했다. 중원왕조와의 기존의 군신관계를 단번에 벗어나지는 못했지만 일방적인 속국관계는 거부했다. 그러자 송나라는 대군을 보내 '서하정벌'에 나섰지만 '문약한'(文弱) 송(宋)은 단 한 번도 서하와의 전쟁에서 승리하지 못했다. 몇 차례의 전쟁에서 패배를 거듭한 송나라는 서하에 공물(供物)을 '상사'(賞賜, 황제가 신하국에 '상'(賞)이라는 명목으로 하사)했지만 서하가 송나라의 변경을 침략하지 않을 것을 조건으로 보낸, 이상한 공물이었다. 그렇게 서하는 송, 요와 어정쩡한 삼국(三國)정립의 시대를 만드는데 성공했다. 요가 멸망한 후, 금나라가 발흥해서 남쪽으로 쫓겨 내려간 '남송(南宋)시대'가 전개되자 서하는 남송, 금과 때로는 전쟁을 하고 때로는 평화롭게 지내는 시대를 보내기도 했다. 그때까지 '몽골족'은 중원왕조나 초원의 제국인 서하에 존재감을 드러내지 못한, 이름없는 유목부족에 불과했다.

　서하의 운명은 칭기즈칸이 초원에 등장하면서 바뀌었다. '세기의 정복자' 칭기즈칸에게 서하는 중원으로 진출하는 데 필요한 교두보이자 걸림돌이었다. 칭기즈칸은 거칠 것이 없었다. 그는 서하의 개국황제 '리위안하오'보다 몇 배 이상 강한 대칸이었다.
　몽골이 초원을 장악할 시점에 서하는 유목민족 특유의 기동력과 강인함을 잃었다. 서하의 군사력으로는 기병 중심의 몽골군을 상대할 수 없었다. 2세기 가까이 존속하면서 서하제국은 상대적으로 안정된 관리체제를 유지하는 데는 성공했지만 군대는 쇠약해졌고 잦은 섭정과 관료부패로 국력은 바닥이 났다. 궁중 내부에서는 왕위계승을 둘러싼 궁중암투가 빈발하면서 새로운 황제가 옹립되는가 하면, 섭정이 반복되는 등의 정치적 혼란이 극에 달했을 정도였다.

　칭기즈칸이 남하하기 시작한 13세기 초반, 서하는 주변 정세를 제대로 읽지 못했다. 서하 멸망의 단초가 된 1226년 칭기즈칸의 서하원정의 빌미는 서하가 제공한 것이다. 문약한 송과의 전쟁에서는 승리했지만 같은 유목민족인 몽골과의 전쟁에서 서하는 상대가 되지 않았다.

금과 남송, 서하의 3국 정립시기 형세도

서하는 남송과 금나라, 그리고 칭기즈칸의 몽골을 오가는 '줄타기 외교'에 의존하다가 멸망을 자초했다.

역사를 통해 드러난 칭기즈칸의 서하 원정 명분은 서하조정의 칭기즈칸에 대한 배신행위에 대한 응징이었다. 칭기즈칸은 1209년 서하를 침공, 서하 황제의 항복을 받고 신하국으로 복속시켰다. 그때 서하는 칭기즈칸의 다른 후속 원정에 대한 지원군 요청에 응할 것과 매년 엄청난 공물을 약속할 수밖에 없었다. 그러나 칭기즈칸이 호라이즘(지금의 이란) 원정길에 나서면서 지원군을 보내라고 요구하자, 한마디로 일축하고 보내지 않았다. 오히려 서하는 칭기즈칸의 사신을 욕보이면서 칭기즈칸의 원정을 비웃기까지 했다.

서역원정에서 돌아오자마자 칭기즈칸이 여독도 빠지기 전에 서둘러 서하정벌에 나선 것은 그 때문이었다.

그러나 칭기즈칸의 서하원정은 고령의 칭기즈칸에게도 마지막 원정이 되리라는 것을 알지 못했다. 칭기즈칸의 아들이 아버지 칸의 사망

후 서하를 멸망시키고, 서하 백성들을 무차별적으로 살육하면서 칭기즈칸의 죽음에 대한 복수를 했지만 칸의 아들들의 운명도 좋지는 않았다. 칭기즈칸 사망 후, 후계자들은 세계정복의 유언을 받들어 중원까지 진출, 원(元) 왕조를 개국했지만 '원 제국'의 영화는 채 100년을 채우지 못했다.

'닝샤'(宁夏)로 떠나는 날, 몽환(夢幻)적인 실크로드 여행을 시작한다는 생각에 사로잡혀 잠을 이루지 못할 정도로 기대에 부풀었다. 그때까지 실크로드의 관문이라는 산시성(陝西) 시안(西安)을 시발로 깐수성과 칭하이성, 신장위구르자치구는 직접 가서 여행을 했지만 중국 무슬림인 회족(回族, 후이주)들의 고향으로 직접 들어간다는 생각에 잠을 이루지 못할 정도로 설레었다. 닝샤는 시짱(西藏, 티벳)이나 신장 위구르 자치구에서 만난 무슬림과 이슬람문화와는 다른 중국 무슬림의 대표인 회족들의 고향, 후이샹(回乡)으로 불리는 곳이다.

닝샤회족자치구의 성도(成会) 인촨은 중국 속 색다른 이방지대다. 중국이면서 실크로드의 기점(起點)인 시안(西安)의 '회족거리'(시안의 회족거리는 당나라의 수도였던 국제도시 시안에서 동서교역에 종사하던 회족들이 모여살던 거리였다.)에서 느꼈던 것과는 다른 분위기였다.
인촨에 도착하니 200여 년간 실크로드를 장악했던 '대하'(大夏)라는 제국의 존재가 새롭게 다가왔다. 그들 역시 초원의 유목민이었지만 실크로드의 거대 오아시스에 제국을 건설, 한족(漢族)이 세운 송(북송, 남송)과 어깨를 나란히 하면서 한 시대를 풍미했던 실크로드의 패권자였다.

그런데 서하는 왜 중국역사에서 사라지거나 아예 통째로 빠진 것인지 궁금했다. 서하를 멸망시킨 몽골족이 의도적으로 서하의 역사를 없애려고 했다 하더라도 이어지는 '명청'(明淸)왕조는 왜 서하를 계속해서 무시했을까. 우리 고대 역사인 '고구려'마저 중원왕조의 변방의 역사로 편입하겠다며 '동북공정'을 벌이기까지 한 중국이 대제국 서하를 방치했던 이유는 무엇일까. 서하가 중원왕조의 계보를 잇지는 않지만 따지고 보면 중원왕조 역시 대부분 한족(漢族)이 아닌 이민족이 지배한 역사였다는 점을 감안하면 이해가 되지 않았다.

'중원'에 자리 잡은 송나라는 애써 북송(北宋)과 남송(南宋)으로 구분하면서까지 기록하고, 송나라와 어깨를 나란히 한 요(遼)와 금(金)의 역사는 제대로 기술하면서 요와 금보다도 더 오랫동안 중원 왕조와 경쟁한 서하제국의 역사는 중국역사서에서 빠졌다. 서하를 멸망시킨 칭기즈칸의 몽골족이 금과 송까지 무너뜨리고 중원에서 원나라를 세운 때문이었겠지만 그것만으로는 설명이 부족하다.

몽골은 서하제국의 모든 도시와 문자는 물론이고 흔적조차도 남지 않게 파괴했고 그 땅에 살던 서하백성들도 무참하게 학살했다. 게다가 원나라는 서하의 역사를 철저하게 외면하기까지 했다.

5

동방의 피라미드, '서하왕릉'

눈이 부셨다.

검은 산을 배경으로 넓은 평원에 들어선 십여 개의 황금색 피라미드들이 눈에 들어왔다. 이집트의 그것처럼 웅장하지는 않았지만, 중국의 서북부 사막과 가까운 실크로드로의 한 가운데에서 만난 황금 피라미드 군락은 신비스러웠다.

'서하왕릉'(西夏王陵)이었다.

황금색 피라미드 뒤쪽으로는 허란산(賀蘭山)이 병풍처럼 둘러쳐져 있었다. 서하(西夏)제국이 존재했다는 것을 증명하는 첫 번째 유적들이다.

듬성듬성하게 혹은 아무렇게나 툭 던져둔 무질서한 배치 같으면서도 눈에 보이지 않는 질서정연한 순서에 따라 배치된 9기의 황제릉과 산재한 250여기의 작은 무덤들. 서하가 사라진 지 800여년이 지난 오늘날, 살아남은 것은 제국을 지배했던 황제들의 무덤뿐이다.

7월의 태양이 뜨겁게 내리쬐고 있었다. 눈앞에 펼쳐진 풍경은 한 시대 이 땅을 지배했던 대제국의 유적이 만들어낸 파노라마와도 같았다.

서하왕릉의 발굴은 사라진 역사 서하제국의 존재를 증명했다.

칭기즈칸이 이끌고 온 몽골군은 서하의 도성인 싱칭부(현재의 인촨시)를 파괴하고 왕족과 귀족은 물론 살아있는 사람들을 모조리 죽이려고 했다. 그러나 '죽은 자들의 무덤'인 이 서하왕릉은 파괴하지 못했다. 제국이 사라진 지 800여년의 시간이 흐르는 동안 왕릉을 감싸고 있던 화려한 누각은 무너지고 수많은 도굴꾼들이 드나들었어도 피라미드처럼 쌓아올린 봉분은 한치의 흐트러짐 없이 800년 전 모습 그대로 제국의 존재를 증명하고 있다.

서하왕릉은 중국에서 '아름다운 황제의 능 10선' 중에서 일곱 번째로 꼽히고 있다.

9기의 황제릉은 서하 개국황제 리위안하오(李元昊)를 비롯한 7명의 황제와 리위안하오의 아버지와 할아버지 등 제국의 기반을 마련한 선조의 능이다. 몽골군에 의해 참수당한 마지막 황제와 칭기즈칸과 전쟁을 치른 20년 동안의 2명의 황제는 자신들의 무덤을 조성할 겨를도 없이 제국의 멸망과 함께 했다. 칭기즈칸과 악연을 맺은 3명의 황제는 황제의 능원에 묻히지 못한 것이다. 제국의 최후는 비참했다. 피비린내 나는 형제간 골육상쟁을 거쳐 왕위를 찬탈했지만 서하의 마지막 황제를 기다리고 있었던 것은 몽골군에게 제국의 최후를 맡기고 참수당한 무능한 '마지막 황제'라는 꼬리표밖에 없었다.

작열하는 태양 아래에서 왕릉을 바라보노라면 제국의 최후가 한 편의 파노라마 영화처럼 선명하게 떠올랐다.

현기증이 났다.

능원에 들어서서 '서하왕릉'(西夏王陵)이라는 안내판 뒤로 바로 보이는 거대한 봉분이 '3호릉'이다. 이 3호릉은 개국황제 경종(景宗) 리위안하오의 그것이다.

서하왕릉이 발굴된 것은 1972년 6월의 어느 날이었다. 이곳에 주둔하고 있던 중국 인민해방군 란저우(兰州) 군구(軍區) 소속 현지부대가 기지건설작업을 하고 있었다. 그 때 한 병사가 10여점의 골동품을 발굴하게 된다. 그 중 몇 개의 유물에 해독할 수 없는 문자들이 조각돼 있었다. 부대의 책임자는 기지건설작업을 중지시키고 닝샤(宁夏)박물관에 신속하게 유물 발굴사실을 보고했다. 박물관의 고고학 연구원은 인촨(銀川)에서 40~50km 남짓 떨어져있는 군기지 건설현장으로 달려 갔다. 연구원들이 유물발굴작업에 착수한 지 10여일 만에 마침내 아주 오래된 거대한 무덤의 묘실이 드러났다. 그곳에서는 수많은 무사상(武士像)과 정교하게 채색된 벽화, 공예품 등이 함께 발견됐다. 이 유물들에는 한자처럼 닮았지만 해독불가능한 문자와 꽃무늬 등이 가득했다. 그 문자들이 서하문자라는 것을 그 때는 몰랐다.

발굴단은 마침내 800여 년 동안 땅 속에 묻혀있던 10여 기의 피라미드형 무덤을 발굴하는 데 성공했다. 오래된 전설 속에 전해 내려오던 '서하왕릉'이 세상에 모습을 드러냈다. 그때까지 서하제국의 유적이라고는 네이멍구(內蒙古)자치구에 위치한 '흑수성'(黑水城, 카라호토)에서 발굴된 서하문자로 된 문서와 벽화 밖에 없었다. 이 흑수성 유적은 서구와 러시아에 의해 19세기부터 발굴된 것이다. 제국의 도성이었던 인촨 인근에서 '서하왕릉'이 발견되면서 오랫동안 설화와 전설의 영역에 머물던 '신비의 제국 서하'의 존재가 당당하게 세상에 그 모습을 드러낸 것이다.

1205년에서 1227년까지 무려 5차례나 서하원정에 나선 칭기즈칸의 몽골군은 1227년 마침내 제국을 무너뜨리는데 성공했다. 칭기즈칸은 그러나 서하원정을 마무리하지 못한 채 운명을 다했고 "서하를 모조리 없애라"는 유언을 남겼다. 서하는 철저하게 파괴됐고 온전한 유물 하나 제대로 남기지 못했다. 심지어 원(元)나라 시대에 편찬된 '송사'(宋史)와 '요사'(遼史), '금사'(金史)는 서하와 어깨를 나란히 한 송, 요, 금 등에 대해서는 별도의 역사로 기록했지만 외전(外傳, 본전에 빠진

서하왕릉은 1972년 군 기지 건설을 하다가 우연히 발견됐다.

역사)으로 편찬한 '하국전'(夏國傳)과 '당항전'(黨項傳) 외에는 서하에 대한 기록을 남기지 않았다. 그래서 서하는 여전히 오늘날까지도 수수께끼 같은 제국으로 남아 있게 된 것이다.

20세기에 발굴된 서하왕릉은 서하에 대한 대중의 관심을 높이는 계기로 작용했다. 흑수성의 보물을 소재로 한 영화가 속속 제작되었고 서하공주에 대한 전설을 스토리텔링한 드라마도 여러 편 만들어졌다.
닝샤회족자치구의 성도인 인촨에서 서쪽으로 달린지 30여분. 허란산(賀蘭山)이 가까워졌다고 느껴질 때쯤이면 왕릉에 도착한다.
왕릉은 허란산의 동쪽 기슭에 위치해있는데, 넓이는 약 53만m²로, 남북으로 약 10km, 서쪽으로는 허란산 기슭, 동쪽으로는 인촨평원과 접해있다. 이 능원에는 앞에서 언급한 것처럼 9기의 황제릉과 253기의 일반무덤이 함께 있다. 현존하는 중국의 역대 황제릉 중에서는 가장 광대하고 잘 정돈된 능으로 꼽히고 있다. 베이징 교외에 위치한 '명13릉'에 버금가는 규모다.

9기의 황제릉 중에서 형태가 가장 잘 보존된 것이 3호릉인 태릉(泰陵)으로 개국황제 리위안하오의 묘다. 3호릉 왼쪽에 두 기의 황제릉이 더 있는데 이것은 리위안하오의 부친과 조부의 것이다.

9기의 능은 남쪽을 향해 질서정연하게 배치돼있으면서도 고대의 종법(宗法)인 '소목'(昭穆) 종묘(宗廟) 순서를 철저하게 따랐다. 왼쪽이 소(昭), 오른쪽이 목(穆)이다. [부친을 소(昭)라 하고 아들을 목(穆)이라고 하기도 한다.] 즉 제일 왼쪽에 위치한 1호릉이 리위안하오의 조부의 것이라면, 그 오른쪽이 2호릉이자 리위안하오의 부친, 리더밍(李德明)의 무덤이다. 왕릉의 북쪽 끝에는 능읍(陵邑)이 있고 동쪽의 가장자리에는 벽돌기와 가마와 석회가마 유적도 발굴됐다. 이는 능을 조성하기 위한 벽돌을 직접 이곳에서 구웠다는 것을 증명한다. 이 서하왕릉은 각각의 능원마다 월성(月城), 능성(陵城), 능대(陵臺) 등을 갖춘 하나의 독립된 능원을 이뤘다.

능원 곳곳에서는 발굴하다 만 유적들을 만날 수도 있다. 서하왕릉은 아직까지 1-3호릉만 발굴돼 일반에 개방되고 있다.

예전에는 리위안하오의 3호릉만 직접 참관할 수 있었지만 최근 들어 1, 2호릉도 관람할 수 있도록 개방됐다.

1호릉은 '서하왕릉' 능원의 가장 남쪽에 있다. 이 능원의 주인은 리위안하오의 조부인 리지첸(李继迁)이다. 그는 당샹족 핑샤(平夏)부락

집단의 우두머리로 '시핑왕'(西平王)으로 불리면서 서하 건국의 기초를 닦았다. 시핑왕은 송(宋)으로부터 독립을 추진한, 사실상의 개국시조라고 할 수 있다.

1호릉 서북쪽 약 30m에 위치한 2호릉은 리위안하오의 부친인 리더밍(李德明)이 주인이다. 그는 리지첸의 장자로 1010년 하국왕(夏國王)에 봉해졌고 1020년 화이위엔쩐(怀远镇, 지금의 银川)으로 천도한 후, 싱저우(兴州)로 개칭했다. 1021년 요나라가 그를 대하국왕(大夏國王)에 봉했다. 1032년 송도 그를 하나라왕(夏王)에 책봉하지 않을 수 없었다. 그는 '하서회랑'[하서회랑; 중국 간쑤성(甘肅省) 서부, 치롄(祁連)산맥 북록에 동서로 이어져 있는 오아시스 지대. 간쑤저랑(甘肅走廊)이라고도 한다. 동서 길이 1,000km, 넓이 약 100km², 평균해발 1,000~1,500m이다.]을 개척하는데 힘을 쏟아서 사실상 서하제국 개국의 모든 기초를 마무리한 것으로 평가받는다.

3호릉은 서하왕릉 구역에 들어서서 가장 먼저 볼 수 있는데 능원입구에 건립된 서하박물관 서남쪽에 위치해 있으며 '호왕분'(昊王坟)으로 불리기도 한다. 바로 개국황제 리위안하오(李元昊)의 능이다.

영광스러운 200여 년 제국의 역사를 뒤로하고 남아있는 것은 왕조의 성쇠와 관계없이 허란산 자락에서 황금색으로 빛나는 거대한 왕릉뿐이다.

중국 정부는 1988년 이곳 서하왕릉을 국가급(4A) 풍경명승구로 지정했다. 그만큼 서하왕릉의 가치를 높게 평가한 것이다.

서하왕릉에서 출토된 유물. 서하는 불교문화가 발달한 불교국가였다.

정수일 교수의 <실크로드 사전>에는 서하에 대해 다음과 같이 기술하고 있다.

"오아시스로 상의 교역국. 오늘날의 중국 서북부 간쑤와 쑤이위안(绥遠, 오르도스) 일대에서 티베트계 탕구트 일족인 탁발씨가 세운 나라다. 7~8세기 칭하이와 쓰촨의 변경 지역 농목지에서 쑤이위안의 하주(夏州) 지역으로 이주해 온 탁발씨 집단은 9세기 초에 당으로부터 이씨 성을 하사받는다. 이어 990년 거란으로부터 왕호(王號)를 얻은 이계천(李繼遷)은 북류(北流) 황허 연안의 영주(靈州)를 함락하고 그 후 13세기까지 하서(河西)지방을 석권하였다.

그는 송나라로부터 자립해 말 무역과 소금 밀무역 등으로 부를 축적하였고 그의 아들 이덕명(李德明) 때는 흥주(興州, 지금의 인촨)에 도읍을 정하고 송나라와의 견마무역(絹馬貿易)을 재개하였다.

그의 아들 이원호(李元昊)는 1028년부터 허시 지방에 출정해 과주(瓜州)와 둔황(敦煌)을 점령하고 흥주를 흥경부(興經府)로 격상, 1038년 대하(大夏) 황제라고 자칭하면서 서하의 전성기를 맞았는데, 송은 대하 대신 '서하'라고 불렀다.

서하는 1044년 송과 화약을 맺고 신라로 자처하는 등 송·요·금 사이에 줄타기 외교를 벌이면서 무역으로 이득을 챙겼다. 이 나라는 금의 수도 베이징까지 대상(隊商)을 보내는 등 오아시스로를 통한 무역권을 크게 확대하였다. 서하는 자체의 국호와 연호, 관제와 병제, 문자를 가진 독특한 서하문화로 일세를 풍미한 교역대국이었다. 1227년 칭기즈칸의 정토군에게 멸망하였다."

6

고비 사막에 묻혀 있던 700년, 흑수성

고비 사막 한 가운데에 탑신이 솟아있다. 7백여 년 동안 누구도 발견하지 못하던 전설 속 고대도시가 아침 햇살을 받아 반짝이고 있었다.

'흑수성'(黑水城), 카라호토(카라호토는 몽골어로 '검은 죽음의 도시'라는 뜻)였다. 오아시스의 원주민들이 접근을 꺼리던 사막 한가운데에 모래톱과 구분이 되지 않다가 거센 모래폭풍이 성을 뒤덮고 있던 모래를 한꺼번에 날려버리자 흙으로 쌓아 올린 성벽 일부와 탑신이 드러난 것이다.

중국 네이멍구(內蒙古)자치구와 몽골공화국의 경계에 있는 어지나치(額濟納旗)시 부근의 사막 한가운데였다. 흑수성은 '어지나허'(額濟納河)의 북쪽 사막에 있는데 정확한 위치는 어지나치시 쿠푸진(庫布鎭) 동남쪽 25km 지점이다. 이곳은 '약수류사'(弱水流沙)라고 불리기도 했는데 흉노족들이 유목하던 곳으로 말 그대로 '모래가 흘러내리는 강'이었을 것이다.

그 후 이곳에는 한 무제(漢武帝)에 의해 '하서회랑'(河西回廊)이 개통된 이후, '지옌(居延)둔전'이 설치됐다. 이곳에서 북쪽 몽골초원으로 이어지는 '캐러번 루트'(실크로드 隊商길)가 열리면서 최초의 실크로드가 개통됐다. 이 길은 '실크로드지옌로'라고 불리기도 했다. '지옌'은 흉노족을 가리키는데 그들에게 사막 한가운데서 만나는 흑수, 즉 '지옌수'는 생명수와도 같은 강이었는데 지금의 '헤이룽장'(黑龙江)이나 '아무르강'이 모두 이 흑수, 지옌수를 가리키는 것이다.

서하건국 직전 어지나치 일대는 당샹족들이 생활하던 근거지였다. 성의 규모가 크지는 않았지만 이곳이 하서회랑으로 이어지는 요충지였기 때문에 흑수성의 전략적 중요성은 굳이 강조하지 않아도 대단했다. 중국의 고서에서는 이곳을 또한 '지나이'(赤集乃)라고도 불렀는데 이는 당샹족의 언어에서 비롯된 것으로 중국어로는 '흑수'(黑水)라는 의미를 지녔다.

서하는 건국 후 흑수성을 전략적 요충지로 관리하면서 북쪽의 요(거란)와 몽골족의 침입에 대비했다. 흑수성을 포함한 지옌지구에 수비대를 상주시키고 당샹족들을 대거 이주시켰다.

"서하제국 번성기에 흑수성은 단순한 군사기지로서가 아니라 점점 경제와 문화중심지로서 번성하는 도시로 발전했다. 당시 흑수성내에는 각종 관공서가 포진했을 뿐 아니라 민가와 상점 역참, 불교사원와 불경인쇄소, 각종 직물 공장까지 들어선 상업도시였다. 흑수성의 영화(榮華)는 서하가 존속한 200여년 이상 지속됐다."

고비사막에 묻혀있던 700년의 전설, 흑수성은 한 때 오아시스 주민들에게는 악령이 사는, 금기의 땅이었다.

흑수성은 1226년 칭기즈칸의 몽골군에 의해 함락된 후 폐허가 됐지만 그때까지는 실크로드상의 가장 번성하던 오아시스 중 한 곳이었다.

"나도 부하에게서 카라호토에 대한 이야기는 들었습니다. 실제로 성벽에 둘러싸인 도시가 있는데 차츰 모래 속에 파묻혀가고 있었다고 했습니다. 들은 바로는 투르구트족이 찾아와서 거기에 파묻힌 보화를 캐내고 있다고 합니다."

러시아의 '코즐로프 탐험대'는 이곳을 지나다가 몽골인 영주로부터 이와 같은 이야기를 전해 듣고 관심을 기울였다. 그리고는 흑수성을 잘 안다는 투루구트족을 직접 찾아가서 데리고 카라호토를 찾아나섰다.

"카라호토에 대한 투르구트인의 말은 각기 모순되어 있어서 구체적이고 확정적인 것은 아무 것도 얻을 수 없었다. 그들은 이 땅을 '악령이 사는 위험한 땅'이라고 하면서 극도로 두려워하고 있었다. 내가 카라호토에서 출토한 유물에 대해서는 어떤 것이라도 비싼 값을 지불하겠다고 제의했을 때도 그들은 다만 어깨를 움츠리고 얼굴을 마주볼 뿐이었다."

(코즐로프)

"도시의 성벽은 모래로 뒤덮여 있었다. 어떤 곳들은 모래 속에 워낙 깊숙이 파묻혀 있어서 경사면 위로 걸어 올라가면 곧장 요새로 들어갈 수도 있을 정도였다."

1907년이었다. 흑수성은 그 때까지 100여 년 동안 고비사막과 타클라마칸 사막 등 '오아시스로'를 따라 탐사에 나선 서방 탐험대 누구에게도 발견되지 않았다. 게다가 흑수성은 인근 오아시스마을인 어지나치 주민들에게 조차 '죽음의 도시 카라호토'(khara Khoto)로 불리면서 쉽게 접근을 허용하지 않았다.

수백여 년 동안 사막모래에 깊숙이 덮여있어서 길 잃은 사막의 대상들 외에는 진혀 발견된 적이 없었다. 카리호토는 몽골어로 '검은', 혹은 '죽음의' 라는 뜻의 '카라'와 도시라는 의미의 '호토'가 함께 조합된 것으로 말 그대로 죽음의 도시였다.

러시아 지리학협회가 파견한 코즐로프(Kozlov) 대령이 이끄는 '러시아의 중앙아시아 탐험대'는 쓰촨(四川)과 깐수(甘肅) 등지에 산재해 있는 고대유적지 탐험에 나섰다가 흑수성의 존재에 대한 주민들의 이야기를 전해 듣고는 직접 찾아 나선 것이다. 그들은 며칠째 사막을 헤매다가 모래언덕 위에서 반짝이는 탑신을 발견하는 데 성공했다. 가까이 다가가자 무너진 성벽 위에 흑수성의 윤곽이 드러났다.

그러나 그들은 곧바로 모래언덕을 넘어 성안으로 들어가지 않았다. '함부로 성안으로 들어갔다가 살아나온 사람이 없다'는 오아시스 주민들의 경고도 그들의 발길을 주저하게 했다. 그들은 '예의바르게' 성문을 찾아냈고 그리고는 '조심스럽게' 성안으로 들어갔다고 했다.

"그곳으로 들어서자 사각형의 널찍한 공간이 눈에 들어왔고 이곳저곳에 높고 낮은, 넓고 좁은 건조물의 폐허들이 있었으며, 그 앞에는 갖가지 잡동사니가 흩어져 있었다."

흑수성을 처음으로 발견한 러시아의 코즐로프 탐험대

수백 여 년 동안 거센 모래폭풍에 의해 완벽하게 모래 속에 파묻혀 있다가 모습을 드러낸 흑수성은 칭기즈칸의 공격으로 폐허가 된 당시 모습 그대로였다. 코즐로프 탐험대도 흑장군의 전설을 알고 있었다. '흑장군'이 최후의 결전을 앞두고 몽골군에 의해 치욕을 당할 것을 걱정해서 아내와 두 딸 등 가족들을 모두 죽인 후, 병사들과 함께 성내에 남아있던 진귀한 각종 보물을 우물 속에 감추고 아무도 찾지 못하도록 묻어버리고는 주문(呪文)을 걸었다는 전설도 들었을 것이다.

코즐로프 탐험대는 일주일 동안 우물터와 탑신 등을 헤집으면서 보물 발굴에 나섰다. 그러나 '보물'을 찾아내지는 못했다. 대신 각종 문서와 불구(佛具), 불화 등 2천여 점의 유물을 발견하는 성과를 냈다. 흑수성이 칭기즈칸에 의해 함락된 1226년에서 무려 700여 년이 지난 1907년의 일이었다.

탐험대는 그곳에 오래 머물지 않았다. 탐험대의 원래 목적지가 흑수성이 아니라 몽골 남부와 중국 쓰촨성 지역이었기 때문이다. 코즐로프 탐험대는 원래의 탐사를 마치고 러시아로 돌아가는 길에 다시 카라호토로 왔다. 한 달여 동안 재발굴 작업에 나서 대량의 '서하문자' 자료들을 발굴했다. 코즐로프는 1923년 <몽골리아와 암도, 그리고 죽은 도시 카라호토>란 책을 출간함으로써 탐사결과를 공개했다.

코즐로프가 발견한 '흑수성'은 칭기즈칸에 의해 멸망된 후 중국 역사서에서 제대로 기록되지 않은 채 민간설화의 영역으로 취급돼 온 <서하제국>의 존재를 확인시키면서 대중의 관심을 불러 일으켰다. 특히 코즐로프의 발견을 통해 수집된 유물 중에는 서하문자로 된 상당량의 고문서와 불경 등의 서적들이 포함되면서 서하가 고유의 문화를 가진 민족이었다는 사실도 확인됐다.

코즐로프 탐험대는 흑수성 안 어딘가에 숨겼다는 보물을 발견하지는 못했다. 대신 그는 두 차례에 걸쳐 흑수성에서 발굴작업을 하면서 각종 문서와 서하문자로 기록된 필사본, 화폐 및 불화(佛畵)와 불구(佛具)들을 발굴해내는 데 성공했다. 서하문자로 번역된 불경과 문헌을 통해 서하문자는 서서히 베일을 벗었다.

중국의 수도 베이징(北京) 북쪽에는 관광객들이 가장 많이 찾는 만리장성이 있다. '빠다링'(八達嶺)이다. 이 빠다링 부근에 '지용관'(居庸關)이라는 오래된 문(門)이 있다. 이 문은 원나라 때 축성된 유적인데 이 문 위에는 6개의 언어로 된 문자가 새겨져 있다. 다섯 가지 문자는 해독이 됐지만 남은 하나는 오랫동안 알 수 없었다. 흑수성에서 서하문자로 된 문서가 발견되기 전까지 지용관의 수수께끼는 풀리지 않았다. 해독되지 않은 유일한 문자가 바로 '서하문자'였다.

일본의 만화가 이토우 유의 창작만화 <슈토헬>은 서하문자를 서하제국과 칭기즈칸 사이에 얽힌 숙명같은 에피소드를 푸는 키워드로 삼았다.
물론 서하문자는 완전히 독창적인 새로운 문자체계가 아니라 기존의 '한자'(漢字)에 부수와 획수를 그려 넣고 변형시킨 한자보다 더 복잡한 문자체계였다.

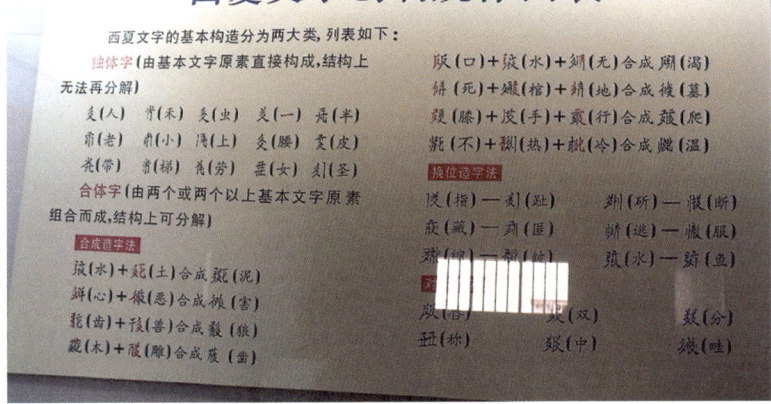

서하문자표- 이를 통해 서하문자의 해독이 가능해졌다.

　흑수성의 발견은 700여년 동안 사막 속에 묻혀 있던 '서하제국'을 재인식하게 해준 근대 고고학계의 '대발견'이었다. 19세기 후반부터 유럽인들이 대거 중앙아시아와 중국의 실크로드 탐험에 나서면서 누란(樓蘭)과 둔황(敦煌) 등의 유적을 발굴하는 등의 성과를 올렸지만 서하의 마지막 요새도시였던 '카라호토'를 찾아내지는 못했다. 뒤늦게 고대유적 발굴에 뛰어든 러시아가 뜻밖에도 엄청난 성과를 올리는 데 성공한 것이다.

　중국이 뒤늦게 외국탐사대들의 실크로드 탐험과 유물 반출을 금지시킨 1930년대 이전까지 코즐로프 탐험대에 이어 영국 탐험가 스타인(A. Stein)과 스웨덴의 베리만(Bergman)과 헤딘(S. Hedin), 미국인 워너 등이 잇따라 흑수성을 찾아 탐사활동을 벌였다.

7
흑장군

칭기즈칸의 서하원정 첫 번째 전투는 흑수성이었다. 서하 변경의 요충지인 '흑수성'이 무너지면, 서하제국은 종이호랑이와 마찬가지일 정도로 흑수성은 서하로서는 핵심 교두보이자 실크로드의 관문이었다.

흑수성의 마지막 날이 지금까지도 사람들의 입에 오르내리고 있는 것은 '흑수성과 흑장군'에 대한 전설 때문이다. 실크로드 최대의 오아시스로 대상들로 북적이던 흑수성에 진귀한 보물들이 엄청나게 있었는데 이 성을 지키던 흑장군이 우물에 깊숙이 묻고 '주문'(呪文)을 걸어놓았기 때문에 아직도 찾아내지 못했다는 전설이 지금까지 전해 내려오면서 보물을 찾아 나선 '보물 사냥꾼'과 도굴꾼들의 발길이 끊이지 않고 있다.

카라호토 인근의 어지나치 주민들도 조상 대대로 구전(口傳)으로 내려오던 흑장군의 전설에 대해 잘 알고 있었다. 그들이 전하는 전설은 다음과 같다.

서하의 군사력은 개국 초기에는 중원의 패자 송(宋) 나라를 압도할 만큼 강했다.

'아주 오래 전, 흑수성은 '하서회랑'(河西回廊)에서 가장 번성한 실크로드의 오아시스로 이름을 날렸다. 흑수성이 칭기즈칸의 몽골군에 함락되기 전까지 이곳은 '흑장군'이라고 불리는 서하의 대장군이 방어하고 있었다. 흑장군은 단 한 번도 패한 적이 없다는 무적의 장군으로 서하에서 이름이 높았다.

흑장군이라는 별명은 그가 늘 검은 갑옷을 입고 전투에 임했기 때문이다. 실크로드의 관문인 흑수성은 흑장군이 지키고 있어, 실크로드를 오가는 대상(隊商)들로 넘쳐났고 흑수성은 날로 번창했다. 더불어 흑장군이 벌어들이는 재물도 80량의 수레를 가득 채울 정도로 엄청 났다.

그런데 어느 날 흑장군 앞에 지금까지와 상대했던 적과는 차원이 다른 '적'(敵) 칭기즈칸이 나타났다. '초원의 푸른 늑대'라 불리던 몽골족의 영웅, 칭기즈칸이었다.

서하원정에 나선 칭기즈칸의 몽골대군은 변경을 넘어서자마자 곧바로 흑수성으로 향했다. 흑수성이 서하제국의 변경요충지에 자리 잡고 있었기 때문에 가장 먼저 공격하게 된 것이었고 흑수성을 함락하면 서하의 수도 '싱칭부'까지 파죽지세로 공략할 수 있다.

흑장군은 칭기즈칸의 대군을 맞아 척후병을 보내 '동방의 산기슭'에서 싸우도록 했다. 몽골군과 흑장군 간에는 여러 차례 소규모 전투가 벌어졌다. 흑장군의 서하군 수비대는 몽골대군의 상대가 되지 않았다. 흑장군은 성안으로 들어가서 정면대결을 피하면서 성을 지키는 수성(守城)전략으로 바꿨다. 칭기즈칸은 성을 포위했지만 초원과 평지에서

기병을 앞세운 전투에 익숙한 몽골군에게 '공성'(攻城)은 쉽지 않았다. 흑장군이 성안에서 나오지 않자 몽골대군은 몇 달째 흑수성을 포위한 채 속수무책으로 발목이 잡힌 것이다.

칭기즈칸은 성안으로 흘러드는 강의 물줄기를 끊고 돌리라고 지시했다. 흑수의 물길을 돌리면 성안의 식수가 떨어져서 항복할 수밖에 없을 것이라는 계책의 일환이었다. 성안의 흑장군은 칭기즈칸에 맞서 우물을 팠다. 그러나 사막 오아시스에서 물길이 끊긴 후 우물을 판다고 해서 물이 나올리는 만무했다. 더 버티기 어려운 한계상황이 다가왔다.

흑장군은 '옥쇄'를 결심했다. '무적무패'의 흑장군으로서는 항복은 치욕이었다. 그는 우선 성안의 모든 재물을 모으고 사원의 금동불상까지 떼어 올 것을 지시하고는 미리 파놓은 우물에 파묻었다. 그리고는 우물을 정교하게 없애도록 했다. 성이 함락되더라도 흑수성의 보물이 적의 손에 들어가지 못하도록 한 조치였다. 그리고는 곧바로 아내와 자식들을 불러 죽였다. 성이 함락된 후, 몽골군에게 모욕을 당하게 되느니 차라리 자신의 손으로 목숨을 끊도록 한 결연한 의지의 표현이었다.

그날 밤 흑장군은 살아남은 성내의 군사들을 모두 모아 술 한 사발씩 마시게 한 후 야음을 틈타 기습공격을 시도했다. 몽골군의 막사는 텅텅 비어있었다. 이미 흑장군의 계책을 눈치 챈 몽골군은 막사를 비우고 흑장군이 기습공격해 오기를 기다린 것이다. 기습이 아니라 적의 막사안에 독안의 쥐처럼 포위당한 흑장군의 서하군은 아무도 살아남을 수 없었다.

몽골군은 다음 날 흑수성에 진입했고 성내의 서하인들을 모조리 죽

황금빛으로 빛나는 오아시스 흑수성 유적

인 후 '보물'을 찾아 나섰다. 그러나 보물은 물론이고 보물을 묻었다는 우물의 흔적조차 찾아내지 못했다. 그 후로도 수많은 사람들이 사막의 모래 폭풍 속에 파묻혀 폐허가 된 흑수성을 찾아나섰지만 보물을 찾기는커녕, 사막을 빠져나가지도 못했다는 소문만이 더해졌다. 보물 대신 보물사냥꾼들은 빨강과 녹색의 비늘을 번뜩이는 한 마리 거대한 뱀을 만나 목숨을 잃었다는 소문이 나돌았다. 그 뱀이 바로 흑장군의 화신이다. 흑수성은 지금껏 아주 오랫동안 저주의 보물 주문이 걸린 죽음의 도시였다.'

전해지는 흑수성 보물의 전설은 대충 이런 스토리다.

'보물을 감추고 있는 흑수성의 전설'은 흑수성이 오랫동안 실크로드에서 번성한 오아시스 도시였다는 점을 반증한다. 사막 한가운데에 있는 작은 '오아시스' 정도였다면 서하가 제국 최고의 장군이라는 '흑장군'을 보내서 지킬 정도로 중요하지는 않았을 것이다. 칭기즈칸 외에는 단 한 번도 전쟁에서 패배한 적이 없다는 '검은 갑옷'을 입은 흑장군이라는 캐릭터는 전설이 된 허세나 과장은 아니었을 것이다. 그러나 그런 흑장군이더라도 칭기즈칸의 상대는 되지 않았다. 정면대결로는 승산이 없자 흑장군도 성문을 걸어 잠그는 수성(守成)전략으로 바꾸지 않았을까.

단기간에 서하를 함락시키겠다는 칭기즈칸으로서는 변경에서 맞닥뜨린 흑수성에서 발목이 잡히게 된 장기전이 부담스러웠을 것이다. 몽골 초원에서 사막 한 가운데인 흑수성까지의 보급이 문제가 될 수도 있었고 더구나 더 지체하다가는 서하원정 자체가 뒤틀릴 수도 있었다. 공략하지 못한 흑수성을 내버려둔 채 진격하는 것도 부담스러웠다. 자칫 흑장군의 서하군이 전열을 재정비해서 배후에서 공격해 올 경우, 협공을 당할 수도 있고 무엇보다 '천하의' 칭기즈칸이 서하의 변경 수비대 하나 제대로 공략하지 못한 채 쩔쩔매다가 도성으로 바로 진격하는 방안은 칭기즈칸의 자존심이 허락하지 않았을 것이다. 칭기즈칸의 서하원정군에는 다른 원정에서 편입된 다국적군도 있어서 바위같은 큰 돌을 쏘아서 성(城)벽을 공격하는 '공성기'(攻城機)도 확보하고 있는 등 과거와 달리 다양한 전술을 구사할 수 있었지만 사막의 요새인 흑수성은 쉽게 무너지지 않았다.

사막 오아시스인 흑수성의 최대 약점은 '물'이었다. 1차 서하원정 당시 칭기즈칸은 서하 수도를 공격하기 위해 물길을 돌리는 '수공'(水攻)전략을 펼치다가 둑이 무너지면서 오히려 몽골군이 막대한 피해를 보기도 했지만 흑수성은 달랐다. 흑수성으로 흘러드는 흑수(黑水)를 막으면 성 안에서 단 일주일 버티기가 어렵다. 칭기즈칸의 수공은 성공적이었다. 물길이 끊기자 흑장군은 우물을 팠지만 물길이 끊긴 오아시스에서는 우물을 파도 물이 나오지 않았다. 성안에서는 절망적인 공포가 퍼져나갔다. 그들 앞에는 닥쳐올 몽골군의 무자비한 학살에 대한 공포와 식수고갈에 따른 이중의 공포가 덮쳐왔다.

흑장군은 칭기즈칸과의 최후의 결전을 결심했다. 병사들은 물을 먹지 못해 탈진하거나 전의를 상실했다. 승산은 전혀 보이지 않았지만 항복해도 무자비하게 살육한다고 소문난 몽골군이 투항한 병사들을 살려줄 가능성도 없었다. 흑장군은 조용히 병사들을 불러, 흑수성이 번성하던 시기 중수(重修)를 거듭하면서 성내 불교사원에 안치한 황금 불상과 진귀한 불구(佛具), 값나가는 재물 등을 모두 모으도록 했다. 모두 8대의 마차에 실린 보물은 80량에 이르렀다. 흑장군은 물을 찾기 위해 판 빈 우물 속에 파묻도록 했다. 그리고는 우물을 판 흔적을 찾을 수 없도록 했다. 성이 함락된 후에라도 몽골군의 수중에 보물이 들어가지 않도록 철저하게 병사들의 입을 단속하고 우물을 파고 다시 덮었던 병사들을 죽이기까지 했다.

그리고는 아내와 자녀들을 불렀다. 그들 누구도 말을 하지 않았다. 긴 침묵이 흘렀다. 장군은 칼을 들었다. 칼을 든 장군의 손이 허공을 갈랐다. 몽골군에게 장군의 가족들이 사로잡혀 능욕을 당하게 할 수는 없었다. 그는 눈을 감았다.

몽골의 서하원정도. 몽골의 기병은 당시 세계 최강이었다.

흑수성에 몽골군이 진입하기 전날 밤이었다.

흑장군은 성내에서 구할 수 있는 음식과 술을 모두 한 데 모아 병사들에게 먹였다. 칭기즈칸과의 결전을 앞둔 최후의 만찬이었다. 칠흑같이 어두운 오아시스의 밤. 흑장군은 남문을 열도록 했다. 야음을 틈타 몽골군을 기습했다. 몽골군 막사는 텅텅 비어있었다. 몽골군은 성내의 움직임을 손바닥처럼 들여다보고 있었던 모양이다. 성내에서 음식 냄새가 나고 흥청망청하는 것을 전해 듣고는 최후의 습격 움직임을 간파했다. 서하군이 성문을 열고 나오기만을 기다리고 있었다. 몽골군 군영에 들어갔다가 포위당한 서하군은 독 안에 쥐 신세가 됐다.

다음 날 새벽 아무런 저항 없이 몽골군은 흑수성에 들어갔다. 생명체의 그림자는 성내에서 볼 수 없었다. 거동이 불편한 노인과 아이들 그리고 환자들뿐이었다. 몽골군은 그들조차도 살려두지 않았다. 그런 다음 몽골군은 수색에 나섰다. 우물 속에 파묻은 보물을 찾기 위해서였다. 한쪽에서는 불을 지르고 파괴하고 살육을 전개하면서도 다른 한쪽에서는 흑장군이 묻은 보물 수색작업을 전개했다. 성내 어디에서도 보물은 발견되지 않았다. 우물의 흔적조차 발견하지 못하자 화가 난 몽골군은 닥치는 대로 파괴하고 약탈했다.

서하는 흑수성이 함락되자 더 이상의 교두보를 마련하지 못한 채 속수무책으로 멸망의 길을 재촉할 수밖에 없었다.

몽골군의 본대는 고비사막을 가로질러 곧바로 도성인 싱칭부로 향했다. 서하에는 도성을 수비하는 10만여 명의 잔병(殘兵) 외에는 칭기즈칸의 대군을 상대할 병력이 없었다. 몽골군은 정예기병 외에 항복한 서하병사까지 몽골군에 편입시켰다. 몽골족과 마찬가지로 한 때 초원의 패권을 잡은 유목민족인 당샹족 서하도 건국 초기에는 남녀 모두 징집하는 '개병제'(皆兵制)를 통해 강력한 군대를 보유하고 있었다. 그러나 개국이후 유목민족의 강건함은 잃어버리고 군대마저 취약해졌다.

흑수성은 서하가 실크로드의 교두보로 삼기 전부터 흉노가 건설한 오아시스 도시로 번성하기 시작했다. 특히 흑수성을 포함하고 있는 '지엔'(居延)지구는 흉노가 일군 '지엔문명'의 중심지였다. '지엔'은 흉노족에게 '하늘'이라는 뜻이라고 한다.

몽골군에 유린당한 흑수성은 그 후 고비사막의 거친 모래폭풍에 파묻혀 흔적도 없이 모래 속에 파묻혀버렸다. 풀 한 포기 자라지 못하는 불모의 땅으로 죽음과 같은 정적만이 감돌게 되면서 '카라호토'가 된 것이다.

번성하던 흑수성은 바둑판같은 포석으로 깐 길이 사방팔방으로 뚫렸고 그 길 위로는 사막을 오가는 수많은 대상들의 낙타와 수레들이 지나갔을 것이다. 또 서하제국이 불교를 숭상해서 흑수성 내에는 서너 곳의 불교사원이 건설됐고 사원에서는 아침저녁으로 불경소리가 끊이지 않았다. 또한 아라비아 대상은 물론 동서교역에 종사하는 대상들을 위한 회교사원과 도교사원까지 성내에 있었다.

개방된 원제국이 번성하면서 흑수성은 반짝 부활하는 듯 했다. 그러나 원을 이은 명(明)은 1372년 서정(西征)에 나서 다시 흑수성을 무너뜨렸다. 그 후로 흑수성은 사람이 살지 못하는 죽음의 땅으로 내버려졌다.

중국 정부와 네이멍구(內蒙古)자치구 정부는 1983년과 1984년, 두 차례에 걸쳐 흑수성 유적지에 대한 고고학 발굴을 진행했다. 이때 발굴된 면적은 흑수성 전체의 10분의 1에 불과했다. 이를 감안하면 서하제국의 수수께끼를 풀 수 있는 핵심 키워드인 흑수성은 여전히 사막 모래언덕에 묻혀있다.

8

용문객잔
龍門客棧

 '龙门飞甲来, 门神献海沙'

  사막 한가운데서 부서진 비석이 발견됐다. 중국 무협영화 <용문비갑(龙门飞甲)>(2012)은 '흑수성' 유적지 부근에서 발견된 비석 조각에서 출발한다.

  뒤집힌 비석의 글자를 해독하면 "60년 만에 한 번 용문(龙门)이 열린다. 그 때 바다 같은 모래폭풍이 일어서 신전의 문을 드러낼 것이다."는 의미였다. 영화는 흑장군이 숨기면서 감쪽같이 사라진 보물에 대한 전설을 모티브로 삼았다. 이 <용문비갑>의 전작(前作)은 <동방불패> <동사서독> <와호장룡>과 더불어 중국의 4대 무협영화로 꼽히고 있는 <신용문객잔>(新龍門客棧, 1992)이다. <신용문객잔>은 1967년의 <용문객잔>(龍門客棧, 1967)을 리메이크한 영화다. 사막 한가운데 위치한 객잔이라는 설정 자체가 바로 흑수성과 흑수성의 보물을 연상케 한다.

중국 무협영화의 대가인 서극(徐克) 감독이 연출 제작한 <용문비갑>은 중국 무협영화사상 최초의 3D영화로, 개봉 당시 큰 화제를 모았다. 영화는 명(明) 영락제 재위(1402-1424)시절을 시대배경으로, 명나라의 변경 사막 한가운데에 위치한 '용문객잔'이라는 한 객잔(客棧, 여행자숙소)을 무대로 전개된다. 흑수성이 몽골군에 함락된 지 200여 년이 지난 시점이다. 보물이 묻혀있다는 곳이 흑수성이라는 구체적인 지명이 나오지는 않지만 사막 모래 속에 오래된 성(城)이 묻혀있고 폭풍이 불어 모래가 걷히면 성의 모습이 드러나고 보물을 찾을 수 있다는 이야기는 우리가 전해들은 흑수성의 보물 전설과 같다.

'용문객잔'은 사실 보물을 찾으려는 도굴꾼 일당의 본거지다. 이들은 보물을 찾기 위해 사막객잔을 지어놓고 사막 실크로드를 오가는 상인들과 여행자를 상대로 음식과 숙소를 제공한다. 어리숙한 여행자들을 상대로는 강도와 살인행각도 서슴치 않고 60년 만에 불어올 거대한 모래폭풍을 기다리고 있는 중이다. 비석에 적혀있는 흑수성의 전설을 믿고 있다. '한 갑자(甲子, 60년)가 돌아올 때마다 사막에서는 거대한 모래폭풍이 부는데 모래폭풍이 불어올 때 비로소 보물이 묻혀있는 궁전의 문이 세상에 드러난다. 보물을 찾을 수 있는 기회는 모래폭풍이 잠시 소강상태인 한 나절 뿐이다. 그리고는 다시 모래폭풍이 불어와 비밀의 궁전을 모래로 뒤덮을 것이다. 60년 만에 분다는 거대한 모래폭풍이 올 때가 다 된 것이다.'

영화 <신용문객잔>에서 객잔의 여주인(장만옥 扮)은 "…8월 보름에는 사원이 열린다네…." 라는 노래가사를 읊조리는 장면이 나온다. '8월 보름'은 60년 만에 돌아오는 모래폭풍이 불어올 시기로 그녀가 기

서하박물관에 전시된 서하제국의 유물

다리는 것이 바로 이 모래폭풍이 드러내 줄 흑수성의 보물이라는 것을 시사한다.

　모래폭풍이 임박한 시점에 객잔에는 두 명의 '협객'이 도착했고, 그들을 쫓는 명(明) 조정의 환관무리들이 뒤따라와 객잔을 무대로 피비린내 나는 무협활극을 펼친다. 객잔은 여행자와 대상을 상대하는 평범한 숙소가 아니라 '헤이디엔'(黑店, 헤이디엔은 여행자를 상대로 강도는 물론 살인까지 하고, 인육 만두까지 빚어 팔았다)이다.

　이 흑수성의 전설은 수백여 년에 걸쳐 민간에 전해 내려오면서 다양한 예술 작품의 소재로 활용됐다. 영화로는 '용문객잔' 시리즈 뿐 아니라 2015년 개봉한 <귀취등>(鬼吹灯之寻龙诀)도 있다. <용문객잔>은 1967년 상영된 무협영화다. 이 <용문객잔>을 리후이민(李惠民) 감독이 리메이크한 <신용문객잔>(1992)이 대중의 사랑을 받으면서 흑수성 보물이야기에도 관심이 폭발했다. 사막 한 가운데 있는 용문객잔이 실제로 존재하는 지, 요즘처럼 실시간 검색이 일상화됐다면 실시간 검색어 상위에 오를 정도로 영화와 현실이 오버랩되면서 흥행대박을 쳤다.

　리 감독은 <용문객잔>을 각색, 당대 최고의 중국(홍콩)배우인 양가휘와 임청하, 장만옥 등을 기용했고 이들 간의 애정과 조정을 장악한 환관들의 횡포, 이에 대항한 의협심 강한 협객들의 이야기들을 적절하게 배치했다. 영화의 무대는 바로 사막에 묻힌 고대 도시의 폐허 바로 옆에 위치한 '객잔'이나. 영회 <신용문객잔>이 흥행돌풍을 일으키자, 용문객잔 스토리를 그대로 표절한 영화 <열화(熱火)>가 <용문객>이라는 제목으로 국내에 수입, 개봉되기도 했고 국내에서도 <용문의 여검>이라는 영화를 직접 제작, 개봉하기도 할 정도로 <신용문객잔>은 선풍적인 인기몰이를 했다.

중국 무협영화의 4대 명작으로 꼽히는 〈신용문객잔〉. 당대의 중국배우들이 총출동했다.

<용문객잔>-<신용문객잔>으로 이어진 영화의 스토리는 객잔의 여주인이 객잔을 불태우고 사랑을 찾아 떠나는 장면으로 끝을 내렸다.

4년 후 '불타버린' 객잔을 새로 지은 여주인이 새롭게 등장한다. <신용문객잔>의 속편 <용문비갑>은 그렇게 시작되었다. 그녀가 이 객잔을 다시 지은 목적은 오로지 흑수성 보물찾기다. 사막의 모래폭풍이 불어올 시기가 다가온 것이다.

영화는 서하의 옛 고성 폐허 속에서 찾아낸 비석을 노출한다. 바로 영화의 제목으로 쓴 '용문비갑'이다. 비석에 적힌 글자는 60년 만의 모래폭풍이 곧 불어올 것이라는 것을 암시하고 있다.

한 떼의 검은 새들이 온 하늘을 휩쓸고 지나갔다.

"모레쯤 모래폭풍이 불어올 겁니다. 새들이 몰려오는 것은 그 전조입니다."

"곧 모래폭풍이 불어올 것입니다. 용문(龙门)의 모래폭풍은 유명합니다. 사방 백리가 모두 모래에 묻히니 아마 이곳도 사라져 버릴지도 모릅니다."

보물을 찾아나선 그들은 거대한 모래폭풍이 불면서 정체를 드러낸 성을 발견하고 '부비트랩'을 피해 보물이 감춰져있는 비밀의 성안으로 들어가는데 성공한다.

흑수성의 유적이 발견된 오아시스 마을 어지나치시는 신중국(중화인민공화국) 건국 후 중국과 몽골공화국간의 변경이 되면서 중요한 군사도시로 거듭났다.

영화 〈신용문객잔〉의 한 장면, 한 치 앞을 분간할 수 없는 모래폭풍이 불고 있다.

1980년대 초반 일본의 NHK 방송국이 중국 CCTV와 함께 실크로드를 답사하는 다큐멘터리 프로그램을 제작하기 위해 이곳을 찾았을 때, 인민해방군들이 군사훈련을 하는 모습이 포착되기도 했다.

이 사막의 오아시스 어지나치시에 거주하는 주민의 대다수는 몽골족이다. 이들은 조상대대로 흑수성의 전설을 전해 들어서 흑수성 가까이 접근하는 것을 꺼렸다. 그들에게 흑수성은 마법이 걸려있는 금지된 땅이었다. 흑수성이 몽골군에 함락되던 날, 흑장군이 자신의 가족들을 죽이고 성안에 판 우물에 진귀한 보물들을 감춘 후 아무도 찾아내지 못하도록 주문(呪文)을 걸어놓았다는 것이다. 그래서 보물을 찾아 나서 흑수성에 들어갔던 사람 중에서 살아 돌아온 사람은 아무도 없었다. 저주의 주문 때문이라는 것이다.

흑수성을 처음으로 발견한 러시아의 코즐로프 탐험대가 흑수성 탐험에 나선 것도 보물의 전설에 솔깃했기 때문이었다. 그들은 흑수성을 찾아내고는 한 달여 동안 샅샅이 뒤졌지만 서하가 남긴 유물 외에는 '보물'을 찾지 못했다. 탐험대의 발굴 작업이 유적을 발굴하는 통상적인 고고학적 작업이 아니라 '도굴'(盜掘)과 다름없는 수준의 보물찾기였다는 지적도 제기된 적이 있다.

흑수성을 함락시킨 몽골군이 찾지 못한 보물을 20세기의 탐험대도 찾지 못했다. 실제로 보물이 존재하는 지 여부는 여전히 확인되지 않고 있다. 아직까지 진짜 '보물'을 찾아내지 못했기에 흑수성은 여전히 사막의 전설로 남아 있게 된 것은 아닐까.

9
서하의 후예들은 어디로?

칭기즈칸의 몽골군은 서하제국의 황제가 항복하자 과거 원정에서 볼 수 없었던 유례없는 학살극을 연출했다. 살아남은 유민(流民)들은 필사적으로 서하를 벗어나 사방팔방으로 달아났을 것이다. 쉽게 추격할 수 없는 첩첩산중 오지로 도망치거나, 중국 대륙은 물론 중앙아시아와 네팔 등지로까지 도망쳤다.

운좋게 살아남은 서하인들 중에는 원나라가 개국하자 각종 전문가 집단으로 중용된 경우도 있었다. 이들은 색목인으로 원나라의 경제와 문화 군사 등의 분야에서 고위층으로 활동하기도 했다. 그러나 칭기즈칸의 후손들이 지배하던 원 제국에서 그들은 절대로 서하인이라는 사실을 입 밖에 꺼내지 않았다. 살아남은 서하인들은 원, 명, 청 시대를 거치면서 스스로 서하인이라는 사실을 숨긴 채 다른 민족과 통혼 등을 통해 동화되면서 스스로의 정체성을 잃었다.

20세기 들어 사라진 제국, 서하에 대한 관심이 급증하면서 중국 내에서도 서하 후예의 행방에 대한 연구가 활발해졌다. 서하 연구자들은 제국 멸망 후 유민들이 중국 전역으로 흩어져 도망쳤다는 결론을 내렸다. 또한 중앙아시아와 네팔로 이주한 흔적도 찾아냈다.

서하 유민들의 흔적은 서하 땅과 인접한 산시(陝西)와 허베이(河北)는 물론이고 쓰촨(四川), 시짱(西藏) 등으로 이어졌고 더 멀리는 동쪽 산둥(山東)에서도 발견되었다. 그들은 철저하게 서하인이라는 신분을 숨긴 채 살았고 현지인과의 자연스러운 통혼(通婚)을 통해 한족(漢族)화 되었다. 허난(河南)과 안후이(安徽) 지역에서도 서하인의 행적이 발견됐다.

베이징의 거용관(居庸关)과 허베이의 바오딩(保定)에서는 서하문자(西夏文字)가 발견됐다. 서하유민들이 이곳으로 이주해서 정착했다는 증거로 볼 수 있다. 장쑤성(江苏省)과 저장성(浙江省)에서도 서하인의 흔적이 확인됐고 산시(陝西) 북쪽 산베이(陝北)지방에서도 수많은 '탁발'(拓拔)성씨의 주민들이 살고 있다. 그들 역시 원래부터 살던 원주민이나 선비족 탁발씨의 후손이 아니라 이주해 온 서하의 후예들이 정착한 것이다.

몽골병사들의 무자비한 살육에도 불구하고 살아남은 서하인들은 자신들이 살던 서하 땅에서 숨죽인 채 살았을 것이다. 몽골족은 남진을 거듭해서 남송(南宋)까지 무너뜨린 후 중원을 장악해서 원(元) 나라를 개국했다. 한족(漢族)이 아닌 이민족이 중원왕조를 무너뜨리고 중원을 차지한 것이다. 몽골족에 이어 명나라를 무너뜨린 청나라도 만주족으로 역시 한족 입장에서는 '오랑캐'가 중원을 차지한 역사가 되풀이 된 셈이다. 원나라는 송의 수도였던 시안과 항저우를 버리고 금의 수도였던 베이징을 '대도'(大都)로 부르며 수도로 삼았다. 베이징(北京)은 춘추시대 연(燕)의 수도로 자리한 이래 다시 금에 이어 원제국의 수도로 자리잡은 후 지금의 신중국의 수도로까지 영광을 차지하게 된 것이다.

원 제국은 제국을 확장하면서 버려지다시피 한 서하의 땅에도 한족과 몽골족 및 회족 등을 대거 이주시켰다. 오랜 시간에 걸친 이주민과 원주민 서하인과의 융합이 이뤄지면서 서하 후예들은 정체성을 잃어버리고 민족 특유의 전통과 문화는 물론이고 문자도 사라졌다. 원 제국이 다양한 민족적 정체성과 문화를 허용하는 개방정책을 썼지만 서하는 예외였다. 금기시된 모양이다. 서하 멸망 전에 몽골군에 항복한 서하군은 몽골군의 다국적군에 편성돼 있다가 자연스럽게 몽골족으로 편입되기도 했고, 이주한 지역의 토착종교인 이슬람교를 받아들인 서하인들은 자연스럽게 '회족'(回族)이 되었다. 서하인의 '회족화'는 원 제국 시대에 두드러졌던 현상이다.

몽골의 학살을 피해 정처없이 수 천리를 도망친 서하인은 지금의 쓰촨성(四川) 깐쯔 장족자치주의 무야지구에 정착, 그들만의 새로운 '왕국'을 건설했다. 지금도 이곳에 사는 장족들 사이에 서하인의 이주 이야기가 '부족의 전설'로 전해지고 있다. 이곳에 건설된 왕국의 왕은 '시우왕'(西吳王)으로 불렸는데, 이는 '서하왕'(西夏王)의 변형으로 추정되고 있다. 무야왕국의 '무야인'들은 지금도 자신들만의 고유 언어와 독특한 풍습을 갖고 있는데 서하인의 풍습과 비슷하다. 그래서 이늘의 선조가 서하 멸망후 이주한 이주민들일 것으로 추측되고 있다. 이들이 쓰는 고유어는 '무야어'(木雅语) 혹은 '따오위푸어'(道孚语)라고 불리는데 이 무야어는 고대 당샹족 언어, 서하어와 발음과 기본 어휘는 물론이고 의미까지 거의 유사하다. '따오위푸'(道孚)는 서하인이 자랑스러워하던 국호 '대하'(大夏)를 가리키는 것이다. 이런 언어적 변형은 서하 유민들이 이주해왔다가 그들 일부가 세상이 잠잠해진 것을 보고, 다시 원래 살던 곳으로 돌아가자, 빈자리에 장족들이 들어와 '장족화'된 것이라는 해석이다.

장족어 '무야'(木雅)라는 단어는 원래 송, 원(宋, 元)시대 문헌에 나오는 '木讷'(무나이), '母纳'(무나), '密纳克'(미나이커) 등과 같은 의미인데, 서하제국 도성인 싱칭부(兴庆府), 지금의 인촨(银川)을 가리키는 지명이다.

이처럼 '살아남은' 서하 후예들이 이주한 흔적이 중국 대륙 곳곳에서 발견되고 있다. 이는 서하의 후예들은 한족 뿐 아니라 이주지역의 민족과도 통혼을 하는 등 동화돼서 살았다는 사실을 설명해준다.

산시성(陕西省) 시안(西安)에서 '리페이예'(李培业)라는 가문의 족보가 발견됐다. 이 족보를 통해 리페이예 가문은 멸망한 서하제국 황족의 후손이었던 것으로 추정됐다. 또한 안후이성(安徽省)에서 발견된 또 다른 두 권의 족보는 서하 유민들이 처음에는 서하인이라는 사실을 감추지 않고 전통을 계승해서 살다가 결국 한족으로 동화(漢族化)되었다는 것을 증명한다.

칭기즈칸이 서하원정에 나섰다가 죽음에 이르게 되자 "서하를 멸망시키고 서하 사람들을 모조리 도륙하고, 다시는 사람들이 살 수 없도록 폐허로 만들라"는 유언을 남겼다는 사실은 몽골비사를 비롯한 각종 역사서에 나와 있다.

중국 대륙 곳곳으로 흩어진 서하인은 살아남기 위해 신분을 감추고 성씨도 한족처럼 바꿨다. 한족은 물론 이주해 간 지역의 소수민족과도 자연스럽게 통혼(通婚)하면서 '서하인'이라는 멸망한 제국의 표식도 당샹족이라는 민족 정체성도 서서히 잃어버렸다.

앞에서 언급한 베이징 지용관 '윈타이먼'(云台门)에 적힌 77행의 '서하문자', 바오딩(保定)지구에서 발견된 서하문자 비문, 허난성 북부 복양(濮阳)지구에서 사는 양씨(杨氏) 성을 쓰는 사람들의 존재는 서하 후예들이 이주한 지역과 동화되는 과정을 이해할 수 있도록 해준다. 이들은 서하인이라는 것을 감추기 위해 우선 성씨를 바꿨고 서하어를 버리고 현지어를 배우기 시작했고, 그러는 과정에서 이주지역의 한족과 통혼(通婚)을 하는 등의 형태로 서하인이라는 정체성의 형해화(形骸化)가 진행된 것이다.

한편 서하제국의 황족들의 행적도 아직 제대로 밝혀지지 않은 미스터리 중의 하나로 꼽힌다.

칭기즈칸의 분노 속에 서하제국의 멸망을 받아들이고 살아남기 위해 대지진의 재앙 속에서도 '항복 선물'을 마련, 성문을 활짝 열고 몽골군의 말발굽 아래 나아가 무릎을 공손하게 꿇었지만 서하의 마지막 황제 이현은 목숨조차 보장받지 못하고 그 자리에서 참수됐다. 칭기즈칸의 갑작스런 사망이 서하에 대한 폭력적 학살로 이어진 셈이다. 물론 몽골군 병사들도 칭기즈칸의 사망사실을 알지 못했을 것이다.

몽골군은 칭기즈칸의 유언을 전해들은 것이 아니라 칭기즈칸의 죽음을 모른 채 지휘부의 명령에 따라 도성에 대한 살육전에 나섰을 것이다. 황제 이현(李晛)이 항복을 했기 때문에 몽골군의 학살은 실제로는 소문만큼 이뤄지지는 않았다는 이설(異說)도 있다. 칭기즈칸은 자신의 죽음을 외부는 물론이고 몽골군 내부에도 알리지 않고 비밀로 하도록 했다. 그러나 실제로 칸의 죽음이 비밀리에 몽골에 알려지자 몽골국의 수도에서는 황제 계승을 두고 형제간의 갈등이 벌어졌다.

또한 곧 항복하겠다는 통첩을 받았지만 칭기즈칸의 사망사실이 서하군이나 몽골군에 알려졌을 경우, 서하군의 반격과 몽골군 내부의 뒤숭숭한 분위기로 전세는 어떻게 될지 알 수도 없는 상황이었다. 즉위 1년 만에 칭기즈칸의 대군을 맞이하게 된 서하황제 이현은 항복의 예도 갖추지 못한 채 무참하게 참수됐다. 200여 년 동안 실크로드를 장악하던 대제국의 황제의 죽음치고는 어처구니가 없는 죽임이었다. 몽골군은 황제와 함께 황족들도 가리지 않고 죽였고 성내로 진입해서는 닥치는 대로 학살한 것으로 알려졌다.

그렇다고 하더라도 몽골군이 서하의 모든 백성들을 죽인다는 것은 불가능했다. 도성이 무너지기 전에 이미 서하는 이름뿐인 제국이었다. 도성 안에 살던 백성들은 이미 상당수가 도성을 빠져나와 흩어졌다. 도성을 무너뜨리고 서하의 문물과 역사까지 불태워 없앨 수 있을지라도 하루 사이에 그 땅에 살고 있던 백성들까지 모조리 죽일 수는 없었다. 서하가 멸망한 후 중원을 차지한 몽골이 대제국 원(元)을 다스렸던 100여년의 시간이 서하제국의 존재를 사람들의 뇌리 속에서 지웠다.

리페이예 가문의 서하 이씨 족보

2000년 7월 인촨의 '서하왕릉'(西夏王陵). 한 떼의 사람들이 이곳에서 '제'를 지내려고 찾아왔다. 자신들이 서하 황족의 후손들이라며 찾아온 사람들은 '서하 이씨'(李氏) 리페이예(李培业) 가문이었다. 이 가문의 서하 이씨 족보 발견은 서하 후예들의 행적 연구에 새로운 계기가 되었다. 그들이 제시한 족보는 '황가 이씨 가보'와 '서하 이씨 세보' 등 9권으로, 서하 황족의 후예라는 것을 증명하는 족보였다. 이 서하후예들의 족보 발견은 서하제국 황족들이 몽골군에 의해 완전히 죽지 않고 도망쳐 살아남았다는 것을 의미한다.

족보에 따르면 '리페이예'씨는 서하 제국 마지막 황제 이현의 23대 손이었고 그의 아들은 24대 손이었다.

서하 연구가인 리판원(李范文) 교수는 이들이 거주하고 있던 칭하이성(靑海省)으로 가서 족보를 면밀하게 조사한 후 서하 황족의 후손일 가능성이 아주 높다고 평가했다. 그러나 서하 연구계의 일부에서는 리페이예 가문의 족보가 '청대(淸代)에 만들어진 것 같다'며 길게 잡더라도, 명대(明代)에 기록된 것들이어서 (그들이 서하 황족의 후손이라는 주장은) '신뢰할 수 없다'는 의혹을 제기하기도 했다.

10

세계 최초의 여군 특수부대, '마쿠이' 麻魁

닝샤 회족자치구 남부 산악지역의 '하이위엔현'(海原县)에 위치한 톈두산(天都山)에는 서하 개국황제 리위안하오의 행궁이 있었다. 황제는 수시로 이 행궁에 와서 휴식을 취하곤 했다. 이 행궁의 동쪽에는 '린창자이'(临羌寨)라 불리는 곳이 있는데 당시 서하군(軍)의 '야전 지휘소'였다. 개국 초기 서하의 군사력은 인근 국가들이 감히 상대하지 못할 정도로 강대해서 중원의 송(宋)이 대군을 동원해서 전쟁을 벌였어도 한 번도 이기지 못할 정도였다. 여기에 주둔한 서하군은 전체 병력의 2% 남짓에 지나지 않는 소수였지만 최정예 부대였다.

1995년 여름. 이 지역 주민들이 밭을 개간하다가 우연히 유골과 유물들을 발견해서 당국에 신고했다.

고고학발굴단이 와서 본격적인 발굴에 나서자 놀랍게도 서하군의 야전지휘소이자 주둔지였던 이곳에서 군장품 외에 화장대와 화장품,

빗과 귀걸이 등의 여성용품들이 대거 발굴돼 발굴단이 깜짝 놀랐다. 부대가 있던 주둔지에서 군용품이 아닌 여성들이 주로 쓰는 액세서리와 여성용품들이 대량 출토되자 혼란에 빠졌다.

지금은 어느 나라나 여성의 군 입대가 일반화되고 있지만 예전 중국에서는 여성의 군영(軍營) 출입이 엄격하게 제한됐다. 여성의 군 입대(軍入隊)는 물론이고 군영이나 부대에서는 여성의 출입 자체가 금기시(禁忌視)됐다. 중국 사서에는 북위[北魏, 서하를 건국한 당샹족과 같은 계열인 선비족의 탁발씨(拓拔)가 중국 화북 지역에 세운 북조 최초의 왕조(386-534)]때에 "木兰女扮男装代父从军"(무란이 남장을 하고 아버지를 대신해서 군역을 했다)는 기록이 있다. 무란의 본명은 花木兰으로 북위에서 아버지의 군역을 대신하기 위해 남장(男裝)을 해서 입대, 각종 전투에 나서 혁혁한 공을 세웠는데 나중에 당(唐) 황제가 무란 사후 '효렬장군'(孝烈將軍)으로 추존했다. 무란(혹은 뮬란) 이야기는 중국의 민요 '方民歌'에 나오는 '木兰辞'에도 있는데 최근에 영화와 드라마, 오페라 등을 통해 작품화하면서 대중에 널리 알려졌다. 그 중에 디즈니 애니메이션 영화 '뮬란'이 흥행에 성공한 영화로 꼽힌다. 그러나 '무란'의 경우처럼 여성이 남장을 해서 입대를 해서, 군역을 대신했다는 기록은 더러 있지만 여성이 입대한 사례는 찾아볼 수 없다.

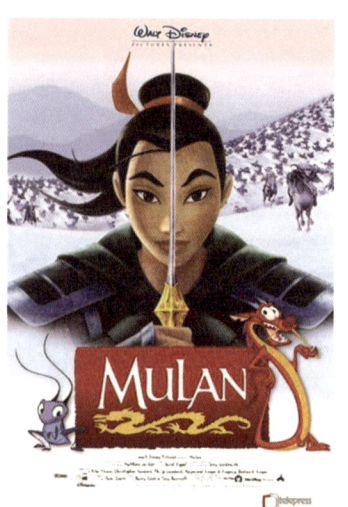

서하의 부대 주둔지에서 발견된 여성용 장신구와 여성용품을 통해 서하에서는 여성의 입대가 일반화되거나 여성의 입대나 군영 출입이 금기시되지 않았다고 추측할 수 있다. 무란의 활약상을 노래한 민요도 선비족이야기여서 같은 선비족 계인 당샹족 서하에서는 여성의 군 입대에 대해 개방적이었을 것으로 유추할 수 있다. 한족(漢族)과는 다른 문화적 전통과 관습이 존재했을 가능성이 높다.

군 주둔지에서 발굴된 여성용품들이 여군부대의 존재를 의미하는 것은 아니지만 여성이 군부대에서 집단적으로 거주했다는 점만은 분명하다.

서하제국의 개국 초기로 되돌아가보면 유목민족인 당샹족(党項族)이 건국한 서하는 남녀 구분없이 병역의무를 져야 하는 '전민개병제'(全民皆兵制)의 전통적인 관습이 있었다. 여성이 군에 입대할 수 있다는 규정도 있었다. 그래서 서하문자 등을 연구하다 확인된 사실로 서하에서는 '여군'을 '마쿠이'(麻魁)나 '웨이자이푸'(为寨妇)라고 불렀다는 점을 확인할 수 있다. 웨이자이푸는 말 그대로 군영에서 일하는 여성이라는 뜻이다.

몽골족은 물론이고 원을 이어받은 중원왕조도 무시한 서하 역사를 중국사로 인정한다면 서하의 '마쿠이' 부대는 중국 역사상 최초의 정규 여군부대로 볼 수 있다. 호칭에서 다르듯이 서하에서 여군의 입대는 보편적이었고 '마쿠이'와 '웨이자이푸'라는 두 종류의 여전사들이 있었다. 마쿠이는 전투에 나서는 여군으로 구성된 특수부대인 반면, 웨이자이푸는 군영에서 지원을 하거나 부상병을 치료하는 '지원병'으로 볼 수 있다.

1909년 흑수성에서 발견된 서하 문헌 '천성율령'(天盛律令)에는 "守大城者, 当使军士, 正军, 辅主, 寨妇…… 宋军破西夏白豹城时, 擒伪张团练并蕃官四人, 麻魁七人"(성을 지키는 자는 병졸과 정예군, 지원병 그리고 **지원여군**이 있는데…. 송군이 서하의 백표성을 무너뜨렸을 때 번관 4명과 마쿠이(여군전투병) 7명을 포로로 잡았다…)라는 대목이 있었다. 서하 여군들이 실제 전투에 참가해서 포로로 잡힐 정도로 여성들이 군대에 입대해서 다양한 역할을 했다는 사실이 드러난 것이다.

서하가 군역(軍役)의 의무를 남성에게만 지우지 않고 남녀 구분을 하지 않았던 것은 유목민족인 서하는 개국 초기 전체 인구가 많지 않았기 때문에 적정 수준의 군 병력을 유지하기 위한 고육지책이었을 것이다. 칭기즈칸이 초원의 몽골 부족을 통합하고 몽골국을 건국했을 때의 몽골국 전체 인구가 100만 명이 되지 않았다는 점을 감안하면, 서하 역시 개국 초기 인구는 몽골의 개국 인구와 비교해서 적으면 적었지 많지는 않았을 것이다. 그나마 군역으로 징집할 수 있는 10대 후반에서 40대에 이르는 인구는 전체의 절반에도 미치지 못했다. 거기에 남녀를 구분할 경우, 군대를 유지하는 것 자체가 불가능했을 것이다. 칭기즈칸의 몽골은 정예기병은 몽골족으로만 구성됐지만 정복한 이민족도 투항할 경우, 몽골군에 편입시켰기 때문에 인구부족으로 인해 군대가 부족하지는 않았다. 서하는 그러나 개국 초기에 송 및 요와 끊임없이 전쟁을 치렀기 때문에 병력 충원이 필요했다. 서하가 여군부대를 운영하게 된 것은 이같은 주변국과의 역학관계를 감안한 어쩔 수 없는 선택이었다.

허란산 바위에 새겨진 암각화에서도 서하의 여군 특수부대 마쿠이의 전투출정 모습이 그려져 있다.

　서하 연구자들은 서하제국이 운영한 여군부대의 규모를 전체 서하군 병력의 15% 내외 정도였을 것으로 추정한다. 서하 여군은 후방지원 역할에 머물게 하지 않았다. 실제로 전투에 나설 병사가 부족하기도 했고 유목민족 당샹족의 전통적인 풍습은 한족(漢族)의 유교문화와는 달랐다. 초원에서 단련된 유목민족 특유의 강인한 부족공동체 생활은 남녀 간 역할 구분을 하지 않을 정도로 남녀 평등의식이 강했다. 그래서 서하의 여군 '마쿠이'는 실제로 체격이 좋고 강건한 여성으로 선발, 남성들과 마찬가지의 조련을 받은 특수부대였다.

유목민족들이 그렇듯이 '모계사회'의 전통도 일부 남아 있던 서하제국에서는 남편을 내조하고 아이들을 양육하는 것이 아내의 역할이 아니라 남편과 동등하게 사회활동을 했고 군에 입대해서도 전투병사로 똑같이 전쟁에 나서는 등 초원에서 형성된 풍습을 이어나갔다. 이것이 서하를 초원의 제국으로 건국하게 만든 원동력이 되었을 것이다.

서하의 200년 역사를 살펴보면 황후의 '섭정'(攝政)이 잦았다는 점을 찾아내게 된다. 모계사회의 전통만큼 서하에서는 그만큼 어머니의 역할이나 여성의 영향력이 아버지나 남성보다 더 컸다는 것도 확인하게 된다.

중국 최초이자 유일 여황제 측천무후

서하는 개국황제 리위안하오(李元昊)부터 마지막 황제 이현에 이르기까지 10명의 황제가 왕위를 이어받았는데 그 중에 3명의 황제가 아주 어린 나이에 제위에 올랐다. 황제를 '만든' 황제의 어머니 태후의 섭정이 불가피해진 것이다. 섭정기간은 서하 역사의 절반에 이르는 100여년에 이른다. 서하에서는 중국 최초이자 유일한 '여황제'인 측천무후(則天武后, 624-705, 재위기간은 690-705) 같은 여성 황제가 나오지는 않았지만 서하 역사의 절반은 태후(太后)가 섭정시대를 구가한 셈이다.

서하의 결혼풍습에서도 여성은 우대를 받았다. 결혼을 앞두고 신랑은 신부를 데려가기 위해 반드시 처가에 결혼지참금을 미리 보내야 했다. 결혼식을 아무리 성대하게 치렀더라도 신부 집에서 '지참금이 부족하다'며 이의를 제기하면 혼인 자체가 무효화돼서 신부를 데리고 가기도 했다. 서하의 법과 제도에서도 모계사회의 영향으로 여성을 우대했다. 아마도 당샹족이라는 유목민족 특유의 관습이겠지만 다산(多産)이 최고의 자산이자 부족을 위한 애국심이라는 점을 이해한다면 모계사회의 전통이 강했다는 점은 분명하다. 이를테면 서하에서는 여성이 죄를 저질러도 같은 범죄를 저지른 남성에 비해 형량이나 벌을 절반 정도 감형받을 수 있었다고도 한다.

여성은 군에서도 특별한 대접을 받았고 실제로 여성으로만 편성된 여군부대가 있었다.

'마쿠이'가 이름을 날리게 된 것은 서하 역사상 첫 섭정황후 '양 태후'(梁太后) 때 혁혁한 공을 세웠기 때문이다. 서하에서는 두 명의 섭정 '양 태후'가 있었다. 2대 황제가 의종(毅宗)인데 이 의종의 황후가 첫 번째 양태후로 등극하게 된다. 의종은 19년간 재위했다 그는 개국 때 관계가 악화된 송(宋)과의 외교관계가 정상화되자 송에 사신을 보냈다. 서하제국 특산 말(西夏馬) 50마리를 공물로 보내면서 선왕이 개국하면서 폐지한 한례(漢禮)를 회복할 것을 약속했다. 서하 사신은 시경(詩經)과, 상서(尙書) 등의 서적을 송 황제로부터 하사(下賜)받아 돌아왔고 그 때부터 서하는 송과 변경무역을 재개하게 된다.

1068년 의종이 갑작스럽게 죽고 왕세자가 왕위를 이어받아 혜종(惠宗)에 올랐다. 8살짜리 황제가 즉위하자 양 태후의 '섭정'은 자연스러웠다. 의종의 황후이자 혜종의 어머니인 양태후의 섭정시대는 그렇게 막이 올랐다.

양 태후는 당샹족이 아니라 한족(漢族)으로 서하 황실이 맞이한 최초의 한족 출신 황후였다. 한족이었지만 양 태후는 섭정을 하게 되자, 가장 먼저 남편인 의종이 송과 맺은 '군신관계'를 파기했다. 그러나 섭정 초기 양 태후는 부족원로들의 의견을 청취하는 등 섭정태후로서 겸손한 처세술을 보이기도 했다.

섭정 13년째인 1080년 양 태후는 개국황제의 독립정신을 이어받아야 한다며 △송의 예법인 한례 폐지와 △당샹족 고유의 예법 회복을 선언했다. 그런데 이 때 혜종(惠宗)이 만 20살이 되면서 섭정 황후 양태후와 충돌했다. 혜종은 양 태후에 불만인 대신들을 규합해서 '성년이 되었기에 더 이상 태후의 섭정은 필요없다'며 섭정시대를 종식시키고 어머니 양태후를 연금했다. 송과의 전쟁도 선언했다. 이에 송나라에서도 서하의 군신관계 파기 등을 빌미로 삼아 서하와의 전쟁으로 맞대응했다.

송에서는 '서하가 개국하면서 송의 서쪽 우환이 된 지 80년이 지났다. 송 조정에서는 천하의 힘을 다 쏟고, 사방의 재물을 다하여 변경의 부대에 군수품을 공급하고 있지만 여전히 밤낮으로 벌벌 떨면서 그들(서하군)이 변방을 침탈할까 두려워하고 있다… 이 화근을 하루속히 제거하지 않는다면 조정의 치욕을 가히 설욕할 날이 없을 것이며, 사방 백성의 부역 부담을 경감시켜 줄 수 있는 날이 없을 것이다.'라며 서하와의 일전을 선포했다. 송 신종(神宗)이 내세운 '대서하 전쟁'의 명분이다.

그 때까지 송은 서하와의 전쟁에서 단 한 번도 이기지 못하고 패배를 거듭했다. 전쟁을 중지하면서 맺은 조약을 통해 송은 신하국인 서하로부터 공물을 받는 것이 아니라 해마다 수십 년째 공물을 서하로 보내고 있었다. 일종의 전쟁배상금이었다. 중원의 송나라로서는 굴욕적이었지만 '문약(文弱)한' 송으로서는 군사적으로 서하를 당할 수가 없었다.

송나라가 이때 앞세운 '서하전쟁'의 또 다른 명분은 송나라 출신(한족)인 양 태후 구출이었다. 서하의 혜종이 섭정 폐지를 이유로 한족 출신인 어머니 양 태후를 연금했기 때문이었다.

1081년 7월, 송나라는 서하 정벌을 선언하고 100만 대군을 동원, 서하로 쳐들어갔다. 섭정폐지에 따른 서하 조정 내부의 혼란을 틈타서 이번에야 말로 그동안 서하로부터 받은 수모를 한꺼번에 되갚아주겠다는 절치부심의 소산이었다. 송의 백만대군(大軍)은 서쪽으로는 지금의 '깐수'(甘肅)쪽으로, 동쪽으로는 천 여리나 떨어진 산시(陝西) 서북을 통한 우회 공격에 나섰다. 서하의 북쪽으로도 군대를 보내는 등 송은 '백만대군'을 다섯 갈래로 나눠서 공격하도록 했다. 송 사서에 이 서하원장이 '다섯 갈래의 서하정벌'(五路伐夏)로 기록하고 있는 것은 그 때문이다.

송의 대군은 동시에 다섯 방면으로 진입, 파죽지세로 서하의 도성을 향해 공격했다. 동쪽으로 들어간 송군은 헝산(橫山)에서 서하군을 격파하는 첫 전과를 얻었다. 이들은 곧바로 서하의 도성과 멀지않은 우딩허(无定河)에 진을 치고 주둔하면서 싱칭부(兴庆府)를 위협했다.

서하의 '마쿠이' 부대는 역사상 최초의 여군 정규특수부대다. 마쿠이는 송나라와의 마지막 전쟁에서 혁혁한 공을 세웠다.

　섭정폐지에 따른 혜종과 양 태후 간의 권력다툼이 채 수습되지도 않은 마당에 송나라 대군의 공격으로 내우외환의 위기를 맞이한 혜종은 양 태후의 연금을 해제하면서 송과의 전쟁을 진두지휘해줄 것을 요청했다. 양 태후는 곧바로 10만 명의 정예군을 선발해서 도성 방어에 우선적으로 배치했다. 도성 방어선을 단단하게 마련한 후, '별동대'를 편성해서 송 대군의 퇴로를 차단하는 임무를 맡겼다. 양 태후 본인이 직접 도성방어군 총사령관을 맡아 송·서하 전쟁의 최선봉에 나섰다. 별동대의 핵심전력은 여전사 부대인 '마쿠이' 부대였다. '마쿠이'는 양 태후의 작전명령을 받아들고는 야음을 틈타 송군이 눈치채지 못하게 황허(黃河)를 건너 남하했다. 송나라 군의 군영 배후를 기습공격하라는 것이다. 100만 대군의 동시다발 침공으로 풍전등화의 위기에 빠졌던 서하제국은 도성 방어를 완벽하게 갖춘 동시에 별동대를 동원, 기습공격까지 감행하게 되면서 불리하던 전세를 팽팽하게 전환하는데 성공했다. 양 태후를 복귀시키지 않았더라면 서하는 내우외환의 위기를 극복하지 못하고 송에게 함락되었을 가능성이 높았다.

파죽지세로 서하를 침공한 송군(宋軍)의 기세는 하늘을 찌를 듯 높았다. 서하가 '마쿠이'부대로 백만 대군에 맞서자 송군은 비웃었다. 송나라 군영에서는 여군들이 맞상대하려하자 긴장을 풀었고 휴식을 취하듯 무방비 상태로 무시하는 자세를 취했다.

송나라 군과 서하 마쿠이의 첫 전투는 산악지대인 류판산(六盤山) 언저리였다. 송군의 거친 기세에도 마쿠이는 전혀 주눅이 들지 않았다. 서하 여군을 우습게 여긴 송군은 첫 전투에서 처참하게 패했다. 송군은 부상병들을 수습하지도 못하고 내버려둔 채 황급히 류판산 아래로 도망치듯이 쫓겨 내려가서 본진을 재정비할 수밖에 없었다. 마쿠이 부대의 첫 승리이자 전세역전의 계기였다. 류판산 북쪽 기슭의 현 구위안(固原) 황둬바오(黃铎堡) 지역이 송과 서하 마쿠이 부대가 첫 전투를 벌인 역사의 현장이다.

이 전투에는 양 태후가 직접 마쿠이의 선봉에 나서 진두지휘했다. 마쿠이의 승리는 이번 전쟁의 승패를 전환시킨 '터닝포인트'였다. 도성 함락직전까지 갔던 서하는 마쿠이의 승리를 발판으로 반격의 기회를 잡았다. 백만 대군을 다섯 갈래로 분산시킨 송군은 서하군에 각개격파당했다. 송으로서는 기억하고 싶지 않은 대패였다. 이 송-서하전쟁

이후 송나라는 더 이상 서하를 상대로 전쟁을 벌이지 않았다. 양 태후는 전쟁을 승리로 이끈 후 아들 혜종과 서하 조정 및 백성들의 절대적인 신임을 얻어 다시 섭정 황후의 자리로 되돌아왔다. 섭정의 시대가 계속된 것이다.

송 대군과의 전쟁을 승리로 이끈 핵심이 '마쿠이'였다. '마쿠이'는 이후 양 태후의 절대적인 신임을 바탕으로 서하군의 상징으로 사랑을 받았다. 이후에도 마쿠이는 외부의 침입에 맞서 활약했다. 실제 마쿠이 '여(女)전사'들은 연약한 여성이라기보다는 특수훈련을 받은 병사처럼 강건했다고 한다. 남성과는 체격이 다르지만 단련된 체력을 바탕으로 무술실력도 갖춰야만 마쿠이가 될 수 있었다. 요즘의 군대라면 여성 특수부대나 특공대라고 부를 수 있을 정도였다. 마쿠이는 이후 전투에 나설 때마다 혁혁한 공을 세웠고, 양 태후의 종신 섭정 유지의 기반이었다.

11

황제의 사랑, '아라'

인촨 교외에 자리잡은 서하왕릉(西夏王陵) 능원에는 서하제국 9명의 황제들이 묻힌 9기의 왕릉과 250여 기의 작은 능(陵)들이 나란히 질서정연하게 자리하고 있다.

황제들의 무덤 한가운데에 한 '평민여성'의 묘가 자리잡고 있어 눈길을 끌었다. 학계의 이목이 집중된 것은 평민의 무덤이 황제능원에 함께 조성된 이유가 아니라 출토된 부장품 때문이었다. 평민 무덤에서 바로 옆에 조성된 황제릉의 주인인 황제가 비단에 쓴 제문(祭文)이 나왔다. 제문은 이 무덤의 평민과 황제가 특별한 관계였음을 증명했다.

평민 무덤에 묻힌 주인공은 '아라'(阿拉)라는 이름의 마쿠이였다.

무덤의 주인공이 살았던 1074년으로 되돌아 가보자.

당샹족 소녀 '아라'(阿拉)는 겨우 10살에 불과했다.

소녀는 서하 땅의 북동쪽, 사방천리가 불모지와 다름없는 고비 사막의 한 가운데에 살고 있었다. 살을 에이던 엄동설한의 겨울이 막 끝나고 봄이 막 시작될 즈음, 어린 소녀는 자신이 기르던 양 한 마리를 몰고 인근에서 가장 큰 도시인 샤저우(夏州)로 갔다. 소녀의 행색은 겨우내내 제대로 먹질 못해서 비쩍 말랐고, 옷은 남루하기 짝이 없었다. 소녀의 눈에 성벽에 붙어있는 포고문이 들어왔다. '마쿠이'부대에서 '군역'을 치를 여성병사를 모집한다는 내용이었다.

'송나라가 자주 서하의 변경을 침공하고 있어, 각 부락마다 2가구당 1명의 장정은 군에 입대해야(군역) 하고, 1명은 부역을 해야 한다.'

포고문을 물끄러미 바라보던 소녀는 양을 몰고 샤저우 근교에 있는 마쿠이 부대로 향했다. 그곳에서는 그날 공교롭게도 섭정황후 양 태후가 손수 활을 잡고 시범을 보이면서 여전사들을 훈련시키고 있었다. 양 태후는 어린 소녀가 입대하러왔다는 보고를 받았다. 어린 양 한 마리를 몰고 용맹하기로 소문난 마쿠이 부대에 찾아와 입대하겠다는 소녀는 여전사들의 눈길을 끌기에 충분했다.

훈련을 끝낸 양 태후는 부대를 잠시 쉬게 한 후 어린 소녀를 불렀다.

"열 살 밖에 되지 않은 어린 아이가 어떻게 여기까지 와서 '마쿠이'가 되려는가?"

소녀는 자신에게 질문을 한 양태후가 누군지 몰랐지만 전혀 주눅들지 않은 채 또박또박 자신의 이야기를 했다. 그녀의 이야기는 아주 길었다. 이야기를 꺼낸 그녀의 깊은 눈빛이 양 태후에게 진심을 느끼게 했다.

서하왕릉의 아라 무덤은 현재 일반인에게 공개되지 않고 있다. 개국황제 리위안하오의 3호릉과 1, 2호릉만 개방돼 있다.

'아라'는 헝산(橫山)북쪽에 있는 파초(頗超)목장에서 태어나 별다른 걱정없이 평온하게 자랐다. 그녀는 목장에서 어릴 때부터 자연스럽게 양들과 뒤엉켜 뛰어놀았다. 갑작스런 폭우나 광풍이 불면 아라의 어머니는 양들과 함께 목장을 벗어나 너무 멀리 가서는 안 된다며 혼내기도 했다. 아라는 양들과 함께 초원에서 노는 것을 좋아해서 시간이 가는 줄도 모르고 저녁노을이 진 후 아주 늦게 집으로 돌아간 적도 많았다. 어떤 날은 양들과 놀다가 잠이 들어 밤늦게 들어가기도 했다.

그녀가 다섯 살이 되던 어느 여름날이었다. 아라는 어머니와 함께 목장에서 양떼 사이에서 놀고 있었는데 갑자기 어디선가 말을 타고 나타난 사람들이 어머니를 살해했다. 순식간에 벌어진 일이었다. 그러나 그들은 어린 아라는 해치지 않았다. 당샹족은 반드시 똑같은 방식으로 복수를 해야 했다. 그러나 어린 소녀 혼자서는 복수는 고사하고 살아남은 것을 감사해야 했다.

혼자서 겨우 흩어진 양떼를 몰고 집으로 되돌아온 그녀는 온 마을이 송나라 병사들에 의해 약탈당했고 그 때까지도 불타는 마을을 목격하게 되었다. 마을 곳곳에 늘 만나던 이웃들의 시신들이 널려있었다. 집으로 돌아가는데 먼발치에서 송나라 병사들이 아라네 목장에서 나오는 모습이 보였다.

그녀는 두려웠다. 불안한 마음에 재빨리 집안으로 뛰어 들어갔다. 집안은 송나라 병사들에게 약탈당한 흔적이 고스란히 남아 있었다. 집에 있던 아버지도 칼을 맞고 죽어 있었다. 하루아침에 부모님을 모두 잃어버린 소녀는 소리내어 울지도 못한 채 망연자실했다. 그러나 그녀는 엉엉 우는 대신 목장에 있던 양들을 모조리 풀어주었다. 양들과 함께 말없이 산 정상을 향해 높이 걸어 올라갔다.

아라는 그 때부터 마을의 누구와도 교류하지 않았고 한마디도 말을 나누지 않았다. 하루 온 종일 양들과 함께 산에 있었다. 농한기가 닥치자 아라는 마을로 내려왔다. 당샹족들은 농한기 때에는 마을 사람들이 함께 무예를 익히는 풍습이 있었다. 어린 그녀는 말없이 무술 수련에 몰입했다. 어느 새 그녀의 무예는 마을사람 누구도 따라잡을 수 없는 수준에 이르렀다.

여기까지 아라의 이야기를 묵묵히 듣던 양 태후는 그녀를 물끄러미 바라봤다. 아라의 입대가 송나라 병사에게 부모님의 복수를 하기 위한 것이라는 것을 알게 된 양 태후는 아직 입대하기에는 나이가 너무 어리다며 몇 년 더 있다가 다시 오라고 말했다. 부모님의 복수를 하기에도, 입대하기에도 열 살은 너무 어렸다.

아라는 양 태후의 말에 아무런 반박도 하지 않고 공손하게 인사하고 그길로 데리고 온 양 한 마리를 마쿠이 부대의 부식에 쓰라고 당부하고는 부대를 떠났다.

그로부터 4년의 시간이 흐른 어느 겨울이었다. 유례없는 폭설이 내려 아라가 키우던 양들이 눈에 갇혀 모두 죽었다. 아라는 죽은 양들을 깨끗이 씻어 저장고에 재워두고 나서 하루 종일 울었다. 겨우내 저장

닝샤회족자치구에서는 양떼 목축이 성행한다. 사막과 초원에 양떼를 방목했다가 저녁에 집으로 돌아가곤 한다.

해둔 양고기를 모두 먹은 뒤 더 이상 먹을 양식도 없었다. 그녀는 목장을 나서 마을로 내려가 구걸에 나섰다. 그렇게 시간이 흘러 다시 봄과 여름이 왔다. 아라의 이웃에 살던 한 노파가 그녀를 측은하게 여겨 키우던 양 한 마리를 보냈다. 양은 잘 자라서 토실토실 살이 올랐고 아라는 다시 마을을 떠나 초원에서 양과 함께 살았다.

그러던 어느 여름 늦은 저녁이었다. 깨끗한 흰 옷을 입은 한 소년이 건장한 여러 명의 사람들과 함께 말을 타고 갑자기 초원에서 놀고 있던 그녀 앞에 나타났다. 아라는 양을 목장 안에 몰아넣고는 그들을 맞았다. 말에서 내린 소년이 먼저 인사를 했다.

"형산에서 샤저우로 돌아가는 길인데 잠시 길을 잃었습니다. 그러다가 불빛이 보여 이곳으로 왔습니다. 밤이 너무 늦어서 그런데 하룻밤을 재워줄 수 있겠습니까?"

소년은 정중하게 일행들과 함께 하룻밤 숙소를 요청했고 소녀는 그들을 맞이했다. 그녀는 양젖을 짜서 저녁으로 내놓는 등 일행을 정성껏 대접했다. 그때 한 수행원이 양젖이 부족하다고 투덜거리더니 차고 있던 칼을 뽑아 양을 찌르는 소동이 일었다. 그러자 아라도 깜짝 놀라 일어나 칼을 빼들면서 항의를 하는 등 일촉즉발의 싸움이 일었다. 소년은 근엄하게 소란을 일으킨 수행원으로 보이는 사내에게 '그만두라'고 소리쳤고, 그 사이 소녀의 칼을 빼앗았다. 그녀의 눈앞에서 소중한 양이 죽어갔다. 갑작스런 소동에 대해 소년은 사과를 했다. 그리고는 '20량'으로 배상하겠다고 제의했다. 그러자 아라는

"이 어린 양과 저는 서로 굳게 의지하면서 살아왔는데 주변에 아무도 살고 있지 않은 이곳에서 어린 양이 죽었는데 그깟 20량의 돈이 무슨 소용입니까…"

단호하게 거절했다.

그렇게 그날 밤이 지나고 다음 날 날씨가 좋아졌다. 아라는 소년에게 며칠 더 머물다가 갈 것을 권했다. 아라는 양이 죽고 난 후 혼자 있게 된 것이 두려웠다. 사람이 그리웠고 자신과 또래인 소년과 같이 지내는 게 좋았다. 소녀의 부탁에 소년은 지난밤의 소동에 미안함이 일어서 흔쾌히 승낙했다. 소년과 소녀는 함께 양떼들처럼 초원에서 이

리저리 뒹굴며 뛰놀았다. 두 사람은 오래전부터 같이 지낸 오누이처럼 초원의 야생마처럼 뛰어다니면서 놀았다.

"다음 날 그냥 바로 떠났으면 후회할 뻔 했어요. 당신과 같은 사람이 필요해요. 나와 함께 떠납시다."

소년의 제의에 아라는 말없이 웃었다. 양도 없이 혼자 있는 것이 두려웠고 며칠 사이 소년이 좋아져서 그렇게 하고 싶었던 것이 그녀의 속마음이었다.

그렇게 며칠을 더 함께 보낸 소년은 아라를 그의 말위에 태우고 샤저우를 거쳐 도성으로 돌아갔다.

소년은 함께 간 아라를 마쿠이 부대에 데리고 가서 입대시켰다. 훈련을 맡은 부사령관인 리언어(李恩娥) 교위에게 그녀를 최고의 전사로 훈련시킬 것을 지시했다. 리 교위는 곧바로 그녀의 무술실력을 확인 한 뒤 체력을 보강하고 제대로 무술수련을 할 수 있도록 했다.

며칠이 지난 후 리 교위가 아라를 불렀다.

"(너를 입대시킨) 그 소년이 누군줄 아느냐?"
"…."

아라는 아무 말도 하지 못했다. 그녀는 그 때까지도 소년이 누구인지 알지 못했고 그저 친구처럼 초원을 함께 뒹굴며 놀아서 좋아하는 감정을 느꼈을 뿐이었다. 지체가 높을 것으로 짐작은 했지만 소년의 신분이나 이름을 단 한 번도 물어보지 않았다.

대답을 하지 못하자 리 교위는 '쉿'하며 입에 손을 대면서 "바로 황제폐하시다"라고 말하면서 누구에게도 말하지 말라고 나지막하게 당부했다. 소년은 양 태후의 아들이자 8살이라는 어린 나이에 왕위에 올라 양태후가 섭정을 하고 있던 서하제국 3대 황제 혜종(惠宗) 리삥창(李秉常)이었다. 아라는 깜짝 놀랐지만 놀란 기색도 표현 못한 채 고개만 숙였다. 그녀의 마음속에선 초원에서 '또래로서' 가졌던 애틋한 감정이 더 이상 소용없게 될 것이라는 안타까움이 먼저였다.

그런 그녀의 아픈 마음을 아는지 모르는지, 혜종은 수시로 아라가 훈련받는 모습을 확인하러 마쿠이 부대에 왔고 그녀의 손 안에서 '서하의 칼'이 호랑이가 살아 움직이듯 춤추는 광경을 바라보곤 했다. 하루가 다르게 아라의 무예수준이 늘었다. 마침내 아라는 부대에서 당해낼 사람이 없는 최고의 여전사가 됐다. 가냘프게 보이던 소녀의 몸 역시 여전사처럼 강건해졌다. 그 사이 리 교위는 송나라와의 크고 작은 전쟁에 나섰다가 전사했다. 아라의 무예실력을 높이 산 양 태후는 전사한 리 교위 대신 아라를 부사령관으로 발탁했다.

1081년 7월. 송나라 대군이 '서하정벌'을 선포하고 사방에서 물밀듯이 쳐들어왔다. 섭정에 반발한 혜종에게 권력을 빼앗겼던 양태후가 다시 권좌에 복귀, 송나라와의 전쟁을 직접 진두지휘했다. 양 태후가

실크로드의 옛 대상길. 실크로드 교역을 담당한 대상들이 오랫동안 오고갔던 장청(長城) 옛길

총사령관이 되자 부사령관이던 아라는 도성방위를 위한 10만 정예군 편성과 마쿠이 위주의 별동대 기습작전 등의 계책을 내놓았다.

양 태후는 아라와 함께 직접 3천명에 이르는 최정예 마쿠이를 이끌고 황허를 건너 송나라군을 습격하러 나섰다. 서하의 도성으로 파죽지세로 쳐들어오던 송군은 황허에 머물다가 서하의 정예대군이 여군인 것을 보고 비웃었다. '서하군이 모두 여군'이라는 척후병의 보고를 받은 송군 최고사령관 충악(种谔)은 "신경쓸 것이 없다"며 부하들을 불러 한바탕 잔치를 벌였다.

"자, 마셔라. 서하군은 우리의 적수가 되지 못한다. 저런 오합지졸

여군이라면… 이제 내일이면 서하의 도성을 무너뜨릴 것이다!"

다음 날 서하군이 송군 진영에 아주 가까이 접근해왔다고 보고하자 그제서야 장군은 갑옷을 걸치고 말에 올랐다.

송군의 총사령관이 말을 타고 달려 나오자 마쿠이부대를 지휘하던 아라가 망설임없이 말을 몰아 앞으로 나갔다. 아라와 충악의 칼날이 공중에서 한차례 부딪쳤다. 칼날은 쨍소리를 내면서 엇갈렸다. 채 삼합을 겨루기도 전에 아라의 칼이 허공을 갈랐다. 충악의 머리가 말 아래로 굴러 떨어졌다. 단칼에 송군의 최고사령관이 죽었다. 기세등등하던 송군의 우두머리가 서하 마쿠이에게 단 칼에 목이 잘리자 송군 진영은 갑자기 공포에 질렸다. 송군 진영이 전열을 재정비하기도 전에 마쿠이는 적진으로 말을 타고 파고들었다. 지휘관을 잃은 송나라 대군은 오합지졸이었다.

전쟁을 마치고 돌아 온 마쿠이 부대는 양 태후와 혜종 앞에서 큰 상을 받았다. 아라의 마음은 편치 않았다. 상을 주는 자리에서 양 태후는 아들 혜종이 곧 황후를 택해서 결혼식을 올리고 경축일로 하겠다는 선언을 했기 때문이다.

아라의 마음속에는 혜종이 자리하고 있었다. 그러나 '마쿠이' 전사가 황후가 될 수는 없었다. 혜종도 초원에서 만난 순수한 소녀 '아라'를 마음속으로는 좋아하고 있었지만 황후의 간택은 순전히 섭정 양 태후의 손에 달려있다. 양 태후는 혜종과 아라의 관계도 잘 알고 있었다. 그래서 그녀는 두 사람이 더 '깊은' 관계에 빠지지 않도록 하기 위해서

라도 황후를 간택해서 결혼시키려고 했던 것이다. 두 사람의 관계가 깊어진다면 자칫 마쿠이 부대를 지휘하는 아라가 양태후의 지위를 위협할 수도 있다는 점을 내심 우려했다. 혜종을 결혼시키기로 한 양 태후는 아라를 서하의 남쪽 류판산 마쿠이 부대로 보냈다.

 변방에 온 아라는 종종 산 정상에 올라 혼자서 하늘을 올려다보곤 했다. 류판산 정상 부근 초원에서 그녀는 고향마을 목장에서 느꼈던 고독을 다시 느꼈다. 고향의 초원을 떠올렸고 어린 양을 그리워했다. 그러다가 소년과 함께 뛰놀던 그 초원을 떠올리기도 했다. 어느 새 초원에서는 온갖 꽃들이 지천으로 피어난 봄이 왔다. 어느 날 산 아래쪽에서 자신을 향해 뛰어올라오는 한 사람이 보였다. 마음속으로 늘 그리워하던 혜종이었다. 그는 다시 그 '초원에서 함께 뛰놀던 소년'으로 돌아왔다. 황제는 수행 수행원들을 모두 산 아래에서 올라오지 않도록 하고 혼자서 아라가 있는 정상까지 뛰어왔다.
 혜종은 눈앞에 그녀가 보이자 소리없이 눈물을 흘리며 뛰어갔다. 아라 역시 갑작스러운 '꿈같은' 상황에 움직이지 못했다. 그러나 눈을 떠보니 그는 이제 소년이 아니라 제국의 황제라는 생각이 들었다. 황제 앞에 선 아라는 온갖 감정을 억누른 채 조용히 무릎을 구부려 신하의 예를 다했다. 혜종은 말없이 그녀를 안았다.

 "아라야! 황제는 마음껏 울 수 있는 권리도 없구나. 그동안 보고 싶었다."

 황제는 그녀의 손을 잡고 동굴 속으로 들어갔다. 한동안 그들은 동굴을 나오지 않았다. 그렇게 두 사람은 동굴 안에서 서로를 각인시켰다. 혜종은 산을 내려가면서 함께 황궁으로 들어가자고 권했다. 아라는 자신이 황제와 함께 황궁으로 갈 경우 벌어질 상황을 잘 알고 있었다. 황제는 물론이고 자신의 목숨마저도 섭정 양태후의 손에 위험에 처하게 될 것이 뻔했다. 아직은 때가 아니라는 것을 누구보다 잘 알고 있는 아라는 고개를 저었다.

"황제께서는 옥체를 보전하시어 황위를 이어받으셔야 합니다. 저는 이곳에 남아 나라를 지키겠습니다. 제가 떠나면 다시 송나라 대군이 쳐들어와서 서하의 존망이 위태로워질 것입니다. 그리하면 태후마마의 노여움을 사게 될 것입니다."

"나는 더 이상 황제가 아니다. 너와 함께 초원에서 양이나 키우며 살자"며 구애했지만 아라는 냉정했다. 황제가 칼을 빼들고 "같이 가지 못한다면 여기서 함께 죽자"며 하소연하기도 했지만 아라는 칼을 빼앗고는 "황제께서는 사사로운 감정에 앞서 나라를 더 걱정하셔야 합니다"라며 돌아갈 것을 간청했다. 그제서야 황제는 정신을 차리고 힘없이 황궁으로 되돌아갔고 아라는 떠나는 황제의 뒷모습을 바라보면서 눈물을 흘렸다.

황제가 되돌아간 지 얼마간의 시간이 흐른 후 아라는 황제의 아이를 가진 것을 알았다. 그 길로 아라는 변방 수비대장의 직위를 내려놓고 고향으로 돌아갔다. 그녀는 마을아이들에게 무술을 가르쳤고 저녁에는 종이를 만들었다. 출산은 난산이었지만 아기는 큰 소리로 울면서 건강

서하의 영광을 노래하는 닝샤회족자치구의 민족가수

하게 태어났다. 아기는 영락없이 혜종을 닮았다. 아기가 두 살이 되자 황궁에서 아라 모녀를 불렀다.

혜종은 아직 어린 나이였는데 병환이 위중했다. 아라가 궁에 들어간 지 얼마 지나지 않아 혜종이 죽었다. 불과 세 살밖에 되지 않은 아라의 아들이 황위를 이어받았다. 손자 이건순(李乾順)이 왕위를 계승받자 섭정은 불가피했다. 권력을 장악하고 있던 양 태후는 아라에게 '함께 섭정을 하자'고 권했다. 아라는 양 태후가 자신을 시험한다는 것을 알아챘다. 양 태후에게 자신은 섭정할 능력도 섭정할 마음도 없다며 물러났다. 안심한 양 태후는 손자 황제의 섭정시대를 이어갔고 아라는 대신 양 태후의 권유를 이기지 못해 서하군 총사령관을 맡았다.

시간을 이기는 사람은 없다. 섭정시대도 양태후의 죽음과 함께 끝이 났다. 황제 이건순이 섭정시대를 끝내고 왕위에 올랐다. 황제는 '새로운 시대를 열겠다'며 송나라와 전쟁을 하고 싶어했다. 태후 아라는 송나라와는 전쟁이 아니라 화친을 맺고 평화롭게 관계를 유지하는 것이 더 낫다며 말렸다. 황제는 황후의 말에 따랐고 송과 화친을 추진했다. 서하와 다시 전쟁을 치를 군대가 없던 송나라도 서하의 화친 제의를 반겼다. 전쟁없는 태평성대가 잠시동안 지속됐다. 그러자 아라도 황궁을 떠나 고향으로 돌아가서 잠시동안이나마 양떼를 기르면서 하루하루를 보냈다.

어느 여름날 양들이 목장으로 돌아오는 늦은 저녁이었다. 아라는 갑자기 쓰러졌고 다시는 일어나지 못했다. 41세의 젊은 나이였다.

황제는 슬픔에 잠겨 애통해하면서 직접 어머니의 유해를 황궁으로 운구, '황태후'의 예를 갖춰 성대하게 장례를 치렀다. 그리고는 직접 자신이 쓰던 비단에 제문을 썼다.

'모든 사람이 희망하듯 평화롭게 잠드소서.'

어머니가 가르친 모든 것을 아들인 황제는 잘 기억하고 있었다. 초원의 양떼를 기르던 목동이던 한 소녀는 황제를 만나 연인이 되었다가 제국을 수호하는 여전사 마쿠이로 제국을 구했고 결국은 황제의 어머니로 일생을 마감했다. 평민이자 목동으로 살던 한 여자가 황제의 곁에 누워있는 연유가 이것이다.

12

마쿠이- 슈토헬 惡靈

'마쿠이'는 서하군의 자랑이자 상징이었다. 서하가 200여 년 동안 '실크로드'를 장악하고 주변으로 영토를 확장하면서 송, 요, 금과 어깨를 나란히 한 3국 시대를 지속할 수 있었던 배경에는 강력한 군대가 있었기 때문이라고 해도 과언이 아니다. 역설적이게도 서하는 실크로드 교역로를 장악한 중개무역으로 막대한 부를 축적, 번성하면서 오히려 유목민족 특유의 야생과 강인함을 점차 잃어버리면서 서하를 능가하는 다른 제국의 탄생을 방조했고 결국은 그 제국 칭기즈칸의 칼날에 무너졌다.

초원 북쪽에서는 '칭기즈칸'이 고비사막을 넘어 중원진출에 나섰다. 실크로드는 서로 나눠가질 수 없었다. 오랫동안 실크로드를 장악하면서 공물을 받은 서하에 대한 유목민족들의 감정은 오래 묵은 것이었다. 서역 원정에 이어 중원으로 진출하려는 몽골에게 서하는 걸림돌이었다. 칭기즈칸은 20여 년 간에 걸친 서하와의 전쟁을 통해 서하를 멸망시켰다. 1205년과 1206년 등 대규모 서하원정은 네 번이었지만 세 번째인 1209년에는 규모가 남달랐다. 몽골은 세계 최강의 군대를 보유한 '떠오르는' 제국이었다.

1209년 몽골군은 두 개 방면으로 서하를 공격했다. 칭기즈칸이 직접 지휘한 본대는 고비사막을 넘어 곧바로 도성을 향했고 제2군은 사저우(夏洲), 깐저우(甘洲), 양저우(楊洲) 등을 차례로 함락시키고 본대와 합류, 싱칭부를 포위했다.

30만에 이르는 몽골 대군이 흥경부를 포위하고 나섰지만 기마병 위주의 몽골군은 견고한 도성을 함락시키지 못하고 지지부진했다. 황허를 가로막아 수공을 펼쳤는데 둑이 터져 자충수가 되기도 했다. 마침내 서하 황제는 견디다 못해 성문을 열고 나와 칭기즈칸에게 항복했다. 서하는 몽골의 속국으로서 공물을 바치기로 약속했고 공주도 황제에게 시집보냈다. 칭기즈칸은 흡족하게 공주를 데리고 돌아갔다.

일본의 만화가 '이토우 유우'(伊藤 悠)의 만화 '슈토헬'(惡靈, 악령이라는 뜻)은 서하제국의 마쿠이와 서하문자를 소재로 삼아 스토리텔링을 구사한 작품이다.

슈토헬 서하문자

만화의 주인공은 마쿠이 부대의 여전사 '위소'다. 위소는 황제의 첫 사랑 '아라'를 닮았다. 그녀는 몽골군의 공격에 함락된 영주성에서 혼자 살아남았다. 잔인한 몽골군에 동료들이 모조리 학살되던 현장을 목격한 그녀는 포로가 된 동료들마저 살해한 몽골군 선봉부대 지휘관 '하라발'에 대한 복수에 나선다. 몽골병사를 찾아 살해하는 등 악명을 얻은 그녀는 '슈토헬'(몽골어로 악령이라는 뜻)이라는 별칭으로 불리면서 몽골군이 공포의 대상이 된다.

'슈토헬'은 원래는 동료들에 비해 체력이 떨어지고 무술실력도 형편없는 허약한, 요즘 같으면 '고문관'같은 병사였다. 그러나 그녀는 동료들이 몽골군에 몰살당한 현장을 지켜본 후 불굴의 '전사'로 다시 태어난다. 동료 서하군의 시신을 뜯어먹는 늑대떼들과 싸우던 그녀는 늑대우두머리와 생사를 건 사투를 벌이기도 한다. 늑대와의 사투에서 승리한 그녀는 늑대처럼 잔인하게 몽골병사들을 죽이는 악령같은 존재로 재탄생한다.

악령 '슈토헬'로 변신한 그녀는 한자를 변형시켜 만들어진 서하제국 고유의 '서하문자'판의 파괴를 막으려는 유목민족 '쵸그족', '유르르'를 만난다. 유르르는 쵸그족 족장의 둘째아들이지만 사실은 서하제국 출신인 어머니가 칭기즈칸에게 잡혀갔을 때 임신한 사실상 칭기즈칸의 아들이기도 하다. 그는 서하출신 어머니의 유품이기도 한 서하문자 자전(字典)격인 '옥음동'을 문명의 나라인 송나라로 가져가기 위해 길을 떠난다.

이 '서하문자판' 옥음동의 존재는 칭기즈칸이 서하를 공격해서 멸망시키려는 이유를 설명해준다. 칭기즈칸은 아주 어렸을 때, 이웃한 서하 마을에 침입, 도둑질을 하다가 잡혀 등에 '서하문자'로 쓴 '서하의 노예'라는 낙인이 찍혔다. 서하에 대한 칭기즈칸의 원한은 그 때 형성된 것으로, 서하를 멸망시키고 서하문자를 없애야만 자신의 등에 찍힌 낙인을 아무도 알아볼 수 없게 될 것이라는 생각에서, 자신의 수치스러운 낙인을 없애러 서하원정에 나선 것이다.

13

대제국 서하

서하를 무너뜨리고 금나라와 송나라까지 격파한 후 중원으로 진출, 원 제국을 세우는데 성공한 몽골제국의 영화는 그리 오래가지 않았다. 100년이 채 되지 못했다.

칭기즈칸의 후계자들은 '정복자 칸'이 사망한 후에도 제국의 영토를 끊임없이 확장시켰고 마침내 중원 왕조를 무너뜨리고 중원에 진출하는 데 성공했다. 1271년. 국호를 원(元)으로 한 새로운 '제국'이 개국했다. 당시 '고려'도 몽골 원정에 항복, 공주를 출가시켜 '부마국' 처지가 됐다. 원 제국은 8년 후인 1279년. 항저우에서 버티던 남송을 완전히 무너뜨렸다. 칭기즈칸이 생전에 이루지 못한 대륙 정복의 꿈을 이뤘다.

'제국'의 영화(榮華)는 '봄처럼' 짧았다. 1368년 원나라는 황제의 후계자를 둘러싸고 분열했고, 개국한 지 97년 만에 명(明)나라에 중원의 제국 지위를 빼앗겼다.

사실 서하는 개국후 무려 2백여 년이나 제국의 지위를 향유했다. 송나라[920-1127(북송), 1127-1279(남송)], 요나라(916-1225), 금나라

(1115-1234)와 3국 정립의 시대를 누리기도 했다. 서하는 선비족의 일파인 당샹족(党項族)의 나라다. 이들은 티벳계인 창족(羌族)의 한 일파라는 의미로 '당샹챵'(党項羌)으로 분류되기도 한다. 사막과 초원을 떠돌면서 유목생활을 하던 당샹족은 당나라 말에 세력을 키웠고, 송 때는 독립적 부족국가 형태로 발전했다. 이때는 '탁발선비'(拓跋鮮卑)계에 뿌리를 둔 '탁발'(拓跋)씨 일파가 부족을 이끌었다. 원래 칭하이(青海)와 쓰촨(四川) 서북부지역에 거주했으나 당말(唐末)에 토번에 밀려 깐쑤와 닝샤 회족자치구 및 산시(陝西) 북부로 쫓겨 내려왔다.

한족과 함께 어울려 살면서 한족 문화를 수용한 당샹족이 무리 중에서 두각을 보였는데 샤저우(夏州) 지역을 중심으로 활동하던 무리들이 가장 강했다. 이들의 우두머리인 '탁발사공'(拓跋思恭)이 '황소의 난'을 진압하는데 큰 공을 세우자 당 황제 희종(僖宗)이 이(李)씨 성(姓)을 하사하고, 정난군(定難軍)절도사에 임명하는 한편 '하국공'(夏國公)으로도 봉했다. 지금의 닝샤회족자치구 북부와 샤저우, 인저우(銀州), 수이저우(綏州), 요우저우(宥州), 징저우(靜州) 등이 하국(夏國)의 영역이었다. 봉토의 주인이 된 당샹족은 드디어 건국의 기반을 마련했다.

그즈음 당샹족 내부갈등으로 하국공 이계봉(李繼奉)이 송나라에 투항했다. 송 황제는 투항해 온 이계봉과 가족들을 받아들이지 않고, 그들을 변경으로 강제 이주시켜 연금했다. 이는 부족 내 갈등을 핑계로 변방의 우환인 당샹족의 근거지를 없애겠다는 속내에서 비롯된 것이다.

송 황제의 푸대접에 이계봉의 동생 이계천(李繼遷, 리지첸)이 반발했다. 스무 살에 불과한 이계천은 부족의 반발을 자극, 부족단합에 성공해서 송나라에 헌납했던 영토를 되찾는데 성공했다. 982년이었다.

그는 여세를 몰아 송나라에 대한 총공격에 나섰다가 실패하자, 요나라로 투항했다. 요는 이계천을 '하국왕'(夏國王)으로 봉했고 요의 지원에 힘입어 이계천은 당샹족을 재규합하는데 성공했다. 사실상 서하건국의 기반을 마련한 것이다.

송 진종은 이계천이 송나라 변경을 끊임없이 침범하자 그에게 송나라 관직을 부여하고 송의 변경 5개 주 관할권을 줬다. 이계천은 송의 선심공세를 받아들이는 대신 송과의 전쟁을 선택했다. 1002년 영주(靈州)를 공격, 함락시켜 서평부(西平府)로 개명했다. 그러나 그는 2년 후인 1004년 토번과의 전투에서 갑자기 사망했고 아들 이덕명(李德明, 리더밍)이 왕위를 이어받았다. 이덕명은 송과 전쟁을 하는 대신, 송 및 요와의 교역을 확대했고 인촨을 싱저우(興州)로 개칭, 도성으로 삼았다.

이덕명 역시 황제로 즉위하기 직전에 병사했다. 왕위를 계승한 리위안하오(李元昊)는 1038년 마침내 국호를 대하(大夏)로, 제국 건국을 선포했다. 송은 제후국인 대하를 자신들과 동동한 '제국'으로 인정하지 않았고 송의 서쪽에 있다는 이유로 '서하'로 부르면서 무시했다. 개국황제로부터 서하는 10명의 황제가 대를 이어, 1227년 몽골에 무너질 때까지 190년 동안 살아남았다. 서하제국의 역사를 리위안하오의 조부인 이계천이 송에 반기를 들어 개국한 982년부터 계산한다면 서하의 역사는 무려 246년에 달한다. 서하와 함께 대륙을 삼등분한 요나라의 210년(916-1225)보다 길고 금나라의 120년(1115-1234)에 비해서는 두 배나 오랜 역사를 자랑한다.

서하는 건국 초기에는 한족의 예법(漢禮)을 배척하고 당샹족의 전통적인 문화를 강제하는 등 독립적이고 주체적인 분위기가 강했다. 관료제와 과거제도 등 통치방식에서는 송의 법제를 따랐다. 개국황제가 사망하자 한례(漢禮)가 부활됐고 다음 황제가 들어서면서 시작된 태후의 섭정기에는 다시 한례를 배격하고 독자적인 풍습을 장려하는 등 혼선을 노출하기도 했다. 그러나 서하는 토번과 거란, 흉노와 여진족 등 중국 변방의 이민족들이 건국한 제국들과는 달리 개국하면서부터 한자를 변형시킨 독자적인 '서하문자'를 만들어 공문서에서 한자와 병행 사용하도록 하는가 하면, 당샹족 고유 예법과 전통문화를 장려하는 등 자주적 역사인식이 가장 두드러졌던 국가였다.

  특히 중국사서는 당황제로부터 하사받은 이씨(李氏) 성으로 기록돼 있지만 개국황제 리위안하오는 제국건국을 선포한 후 스스로 이씨 성을 버리고 당샹족의 고유 성씨 '鬼名'으로 바꿨고 스스로 '兀卒'(올졸)로 부르도록 했다. 올졸은 당샹어의 중국식 발음으로 '푸른 천자'(靑天子)라는 뜻이다. 중원의 황제가 '黃天子'라고 불리는 것과 비교해서도 '천자의 자식'이라는 강한 자부심을 담고 있는 셈이다. 국호를 대하(大夏)라고 한 것은 중국 고대왕조인 하(夏)왕조를 잇는 정통성을 부여한 것이다. 중원의 송(宋)왕조와 대등한 왕조라는 의지의 표현이었다. 대외적으로 서하는 국호를 '대백고국'(大白高國), '백고대하국'(白高大夏國)이라고 칭했다.

  서하와 송나라와의 오랜 전쟁 및 화의 과정을 보면 서하가 송나라보다 더 강성한 제국이었음을 알 수 있다.

여러 차례 서하와 전면전을 비롯한 끊임없는 전쟁을 했지만 송나라는 단 한 번도 승리하지 못했다. 송과 서하의 대규모 전쟁은 서하 개국 직후의 '삼천구'(三川口) 전쟁이 사실상 유일하다. 송나라는 이 때 30만 대군을 보내 서하를 침공했으나 오히려 서하군에게 대군이 전멸당하는 수모를 겪었다. 그 후 양국은 수년간 더 지루한 전쟁을 이어가다 화평조약을 맺게 된다.

이 '화약'을 '경력화의'(慶曆和議)라고 한다(1044년).

'1. 서하는 황제라 칭하지 않고, 명목상으로 송나라에 군신의 예를 다할 것.
2. 송-서하 전쟁 중에 포로가 된 쌍방의 군인과 민간인들을 상대국에 귀환조치하지 않는다. 그리고 만일 금후 쌍방의 변경 지역 사람들이 상대방의 영토로 도망가더라도 군사를 보내 추격하지 않으며 쌍방은 도망자들을 귀환조치해야 한다.
3. 전쟁 중에 서하가 점령한 송나라 영토 및 기타 국경 번한(蕃漢) 거주지역은 일률적으로 중간에 경계를 긋고 쌍방이 자유롭게 성루를 건립할 수 있다.
4. 송나라는 매년 서하에 '은 5만 냥, 비단 13만필, 차 2만근'을 바쳐야 한다.
5. 송나라는 또 매년 각종 명절에 서하에 은 2만 2천 냥, 비단 2만3천 필, 파 1만근을 바쳐야 한다.'

서하가 황제로 칭하지 않는다는 제 1항을 제외하고는 '신하국'인 서하에게 송나라가 매년 엄청난 은과 비단, 차를 공물로 보내야 하는 화의는 사실상 서하의 완전한 승리를 의미한다. 서하는 강한 국력을 유지하지 못하고 후계자리를 둘러싼 내분과 관료부패 등이 겹쳐 송과 요, 금과의 외교를 통한 생존을 모색하다가 자신들보다 더 강한 몽골족에 정복당하는 비극을 맞이했다.

제 2 부
칭기즈칸 미스터리

1

류판산六盤山에서
마오毛 주석을 만나다.

 산 속 어디에선가 장중한 노랫소리가 힘차게 흘러나오기 시작했다. 여러 사람이 함께 부르는 합창이었다. 귀를 쫑긋 기울여 어디서 노래가 흘러나오는지 찾았다.

 이곳은 해발 2,900m에 이르는 닝샤(宁夏)회족자치구의 구위엔(固原)시에 있는 류판산(六盤山).
 자생 연(蓮)들이 군집을 이뤄 무려 6km에 걸쳐 장관을 연출하고 있는 '야하곡'(野荷谷)이다. '연의 정원'이라고도 불리는 이곳에서 머리가 희끗희끗한 남녀 10여명이 한 사람의 지휘에 따라, 옆으로 나란히 선 채로 일사분란하게 노래를 부르고 있었다.
 산속에서 흔하게 보기 힘든 흥미로운 광경이었다. 다른 노래를 부르기 위해 잠시 합창을 중지한 그들 곁으로 다가가서 '왜 여기서 합창을 하는 지' 물었다. 그들은 이곳에서 멀지 않은 쓰촨성(四川)의 작은 도시에서 온 중국혁명에 참전했던 '노간부(老幹部)합창단'이었다. 그들은 '대장정'(大長征) 등 중국혁명의 유적지를 찾아 나선 이른바 '홍색여행단'(紅色旅行團)이었다. 중국에서 홍색여행이란 대장정 등 중국혁명의 발자취와 마오쩌둥(毛泽东)과 덩샤오핑(邓小平) 등 중국혁명 지도자들의 사적을 찾아 떠나는 이른바 '붉은 여행'을 뜻한다. 이들은 마오 주석이 주도한 대장정의 흔적을 찾아 류판산에 왔다.

이들이 방금 부른 노래는 '쓰두츠쉐이추치빙'<四渡赤水出起兵>(4번이나 '적수'를 건너 출병하다)이라는 '대장정' 당시 홍군(紅軍, 중국인민해방군을 당시는 홍군이라 불렀다)의 기념비적인 행적을 기리는 혁명 가요였다.

"…天如火来水似银。亲人送水来解渴，軍民鱼水一家人。
横断山, 路难行。敌重兵, 压黔境。战士双脚走天下, 四渡赤水出奇兵。

乌江天险重飞渡，兵临贵阳逼昆明。敌人弃甲丢烟枪，我军乘胜赶路程。调虎离山袭金沙, 毛主席用兵真如神。…"

"하늘이 불처럼 뜨거웠지만,
사람들이 물을 보내 갈증을 풀어주니,
홍군과 백성은 물과 고기처럼 한 가족이네.
산을 가로질러야하고 길은 험하네.
적은 겹겹이 검경(黔境)을 압박하고
병사는 두 발로 천하를 누비며
네 번이나 적수(츠쉐이)를 건너 출병하네.

오강에 도달하니 하늘이 건너기에 위험하다 하네.
병사들이 꾸이양에 가까이 갔다가 쿤밍을 위협하자,
적군은 갑옷과 창검을 버리고 도망가고
아군은 승기를 잡아 길을 재촉하네.
호랑이를 산으로부터 유인하여 진사강을 기습적으로 건너니.

마오 주석의 용병술은 신과 같다."

1934년 '쭌의회의'(遵义会议)에서 중국 공산당의 최고지도자로 추대된 마오쩌둥은 장제스(蔣介石) 국민당군의 제5차 토벌작전에 맞서 살아남기 위해 1만 2,000km에 걸친 대장정에 나서게 된다. 국민당군이 촘촘하게 포위망을 구축하고 대대적인 섬멸작전을 전개하자 근거지였던 징강산(井剛山) 소비에트를 포기하고 포위망을 뚫고 탈출해야 하는 상황에 처한 것이다. 병력과 화력 등 모든 면에서 절대 열세인 상황에서 마오쩌둥이 이끄는 중앙 홍군은 치고 빠지는 게릴라전을 전개하면서 종횡무진으로 적을 교란하면서 포위망을 뚫고 장정에 나섰다. 결국 꾸이저우(贵州)와 쓰촨(四川) 및 윈난(云南)을 거치면서 흐르는 장강(長江, 양쯔강)의 지류인 츠수이(赤水)강에 맞닥뜨린 마오의 홍군은 네 번이나 츠쉐이를 오가면서 겹겹이 쌓은 포위망을 교란시키고 북쪽으로 이동하는데 성공한다.

합창단이 부른 노래 '쓰두츠쉐이추치빙'은 1935년 1월 19일부터 5월 9일까지 무려 4개월여에 걸쳐 츠쉐이를 네 번이나 오가면서 펼친 마오의 신출귀몰한 교란작전을 칭송하는 내용이다.

홍색여행중 류판산을 찾아 '쓰두츠쉐이추치빙'을 합창하는 혁명노간부 예술단

노랫가사를 듣다보니 '마오 주석(毛主席)의 용병술은 마치 신과 같다'는 노랫말이 귀에 들어왔다. 국민당 정부군의 대대적인 섬멸토벌작전에 따라 몰살당할 수 있는 절체절명의 위기에 처한 홍군을 이끌고 신출귀몰한 유격 게릴라전을 전개, '츠쉐이'를 네 번이나 도강하면서 적을 교란시켜 퇴로를 마련하는데 성공한 것은 마오 주석의 신과 같은 용병술 덕분이라는 것이다.

잇따라 세 곡의 혁명가요를 부른 그들의 눈가에는 이슬이 맺혔다. 마오 주석이 '신황제'의 꿈을 한편의 시를 통해 드러내기도 한 이곳 류판산(六盘山)은 개혁개방의 노선으로 방향을 틀고 경제성장에 성공한 중국이 'G2 경제대국'으로 올라서면서 신드롬처럼 번진 중국 인민들의 '붉은 여행'의 핵심 유적지 중 한 곳으로 꼽히고 있다.

혁명가요 '쓰두츠쉐이추치빙(四渡赤水出起兵)'에 등장하는 '츠쉐이(赤水, 적수)'는 위기에 처했던 대장정이 구사일생 성공적으로 전환된 기점이었다는 점에서 붉은 여행의 반환점 같은 혁명유적으로 인민의 사랑을 받고 있다.

네 번이나 츠쉐이를 도강하게 된 '쓰두츠쉐이' 전투는 마오주석이 중국공산당의 공식적인 지도자로 등장하고 난 후 이끈 대장정의 첫 승리라는 점에서 중국공산당사에서 대단히 중요한 의미를 지니고 있다. 장제스 국민당과 중국 공산당이 일본 제국주의에 맞서겠다며 내전을 종식하고 손을 맞잡은 제1차 국공합작이 무산된 직후인 1934년, 장제스 총통은 '제5차 토벌작전' 전개를 통해 중국공산당과의 전면전 및 섬멸작전을 구사하게 된다. 게릴라 수준의 중국 공산당 홍군이 갖지 못한 비행기와 야포 등을 동원하는 등의 월등한 무기와 화력, 전 중국에 걸친 군벌들을 동원한 엄청난 병력으로 중국 공산당이 장악하고 있는 장시성(江西) '징강산 소비에트'를 포위하면서 압박하자 중국공산당은 궤멸위기에 처했다.

포위망을 좁혀오자 중국공산당의 중앙홍군은 '쭌의 회의'를 통해 소비에트를 탈출하기로 결정하고 장정(長征)에 나섰으나 표현만 '장정'이지 사실상 소비에트를 버리고 탈출하는 것이었다. 중국공산당은 장정 초반부터 국민당군의 촘촘한 포위망을 뚫는데 어려움을 겪는 등 고사 위기에 처했다.

국민당군의 토벌작전에 포위망을 뚫기 위해 네 번씩이나 츠쉐이를 건너야했던 중국공산당 중앙홍군의 대장정

 이에 그 때까지 코민테른(1919년 모스크바에서 결성된 공산주의 국제연합)에서 파견된 독일인 고문 '리더'(李德)가 이끌던 중국공산당 지도부의 판단에 강력한 이의를 제기한 마오쩌둥 세력은 저우언라이(周恩來), 펑더화이(彭德怀) 등과 함께 반기를 들고 주도권을 장악, 이후 대장정을 이끌게 되었다. 당초 중앙 홍군은 후난(湖南)으로 이동해서 북쪽으로 곧장 이동한다는 계획이었으나 국민당군의 포위망이 워낙 견고하고 촘촘하게 이중 삼중으로 짜여져서 적의 주력을 현혹시키기 위해 '치고 빠지는' 성동격서(聲東擊西)식 게릴라전을 전개했다. 적을 속이려는 과정에서 츠쉐이를 네 번이나 오가는 '쓰두츠쉐이'가 이뤄진 것이다.

츠웨이는 꾸이저우성과 쓰촨성 및 윈난성의 경계를 따라 구불구불 흐르는 강이어서 마오쩌둥은 츠웨이를 건너 꾸이저우성 꾸이양(贵阳)으로 향하는 척 하다가 츠웨이를 다시 건너가 윈난성으로 이동, 적의 주력부대를 혼선에 빠뜨리는 등 허를 찌르며 포위망을 뚫는 데 성공했다.

마오는 '쓰두츠웨이' 작전 성공 이후 북쪽으로 계속 이동, 적의 추격을 따돌리고 마침내 류판산에 이르게 된다. 마오로서도 이제는 '살았다'는 안도감과 함께 류판산에 서린 '칭기즈칸'과 '진시황', 한 무제 및 당 태종 등 중국 역사를 장식한 호걸영웅들의 기를 받아 향후 전 중국을 석권하는 신황제를 꿈꾸는 속내를 드러내게 된 것이다. 류판산은 마오와 대장정의 '붉은' 기운이 깃든 땅이다.

특히 불세출의 영웅, 칭기즈칸이 서하(西夏) 원정에 나섰다가 갑작스럽게 죽음을 맞이한 곳이 바로 이 노간부 예술단이 자리한 류판산 기슭이라는 점에서 류판산의 상징적 의미는 더욱 커질 수밖에 없다. 전쟁터에서는 그 누구도 대적할 수 없었던 영웅이었던 칭기즈칸은 어쩌다가 원정길에서 어이없는 죽음을 맞이하게 되었을까.

류판산 중턱에 건립된 '류판산홍군장정기념비' 전면에 마오쩌둥의 시(詩)
'칭펑러 류판산'이 각인돼 있다.

2
칭기즈칸의 초상

  중국의 제1호 국립공원으로 지정될 정도로 울창한 산림을 자랑하는 류판산 야하곡 지구 안내원은 혁명가요를 합창한 '연의 정원'에서 "이곳이 바로 서하원정에 나선 칭기즈칸이 한여름 더위를 피해 하계휴양소를 차린 곳"이라고 설명했다. 류판산은 한 여름에도 영상 10~20℃ 안팎의 시원한 온도가 유지될 정도로 숲이 울창했다. 서하원정에 나선 1227년 당시 30여만 명에 이르는 몽골군과 더불어 초원과 사막의 나라 서하제국에 온 칭기즈칸은 단기간에 함락되지 않는 서하원정에 대한 고단함을 풀고 찌는 듯한 한여름 더위를 피하려고 이곳을 찾았을 것이다.

  칭기즈칸의 서하원정에 몰입한 탓인지 야하곡 아래쪽에 설치된 몇몇 동(棟)의 몽골식 게르는 800여 년 전 서하원정에 나선 칭기즈칸의 몽골군이 숙영하는 숙영지처럼 보였다.

  류판산(六盘山)은 닝샤 회족자치구의 남쪽 지방 구위엔(固原)시에 있다. 특히 류판산은 닝샤와 인접한 산시성(陝西省), 깐수성(甘肅省)

야하곡 아래쪽에 설치된 몽골식 고정 게르. 칭기즈칸의 서하원정 당시 숙영모습을 연상케 했다.

과 걸쳐 있는 광활한 산맥의 최고 산봉우리다. 류판산 초입에 있는 야하곡은 군락을 이룬 연꽃들이 장관인데 '연의정원'으로 불리기도 한다. '연꽃마을'이라는 의미의 후난성(湖南省) 푸룽진(芙蓉镇, 부용진)을 떠올리게 한다. 마오 주석의 최대의 패착이라고 할 수 있는 문화대혁명의 상처를 영화로 승화시킨 토가족(土家族)마을 '왕촌'이 바로 연꽃이 활짝 핀 부용진이다.

중국의 산(山)은 대부분 키 낮은 관목들이 듬성듬성 나 있거나 황토고원 상에 위치한 해발고도가 2천m가 넘는 고산(高山)들이어서 민둥산처럼 바위산의 지형이 그대로 드러나 있다. 그런 중국산(山)들과 달리 류판산은 숲이 우거진 푸른 산이다. 계곡도 깊고 수량도 풍부하다. 그래서 예로부터 '황토고원 위의 푸른 섬'(黃土高原上的綠島)으로 불릴 정도로 류판산은 중국에서는 보기 드문 울창한 숲을 자랑한다.

서하원정에 나선 칭기즈칸이 닝샤의 한여름 폭염을 피해 류판산에 휴양소를 마련한 것도 그 때문이었을 것이다. 1년을 끌어도 함락되지 않은 서하의 도성을 눈앞에 두고 초조해진 칭기즈칸은 갑작스런 인촨 대지진과 폭염도 견디기 힘들었을 것이다. 한시라도 빨리 서하를 넘어 중원 정복에 나설 생각에 칭기즈칸은 초조했다. 이미 그의 나이는 60이 넘었다. 당시로서는 전장에 나설 수 없을 정도로 노쇠한 나이지만 칭기즈칸은 강했다. 그래서 이 서하원정이 마지막이 되리라고는 꿈에도 생각하지 않았을 것이다. 그래서 평소와 다름없이 '서하공주'를 데리고 원정길에 오르지 않았던가. 칭기즈칸이 원정을 떠날 때는 늘 그곳 출신 황후나 후궁을 여럿 데리고 가는 것이 관행이었다.

'류판산'이라는 지명은 정상으로 오르는 산자락이 구불구불하고 험준해서 붙여졌다. '육(六)'은 중국에서 구체적으로 여섯이라는 숫자를 가리키기 보다는 '많다'(多大)라는 의미로 사용되기도 한다는 점을 감안하면, 산 정상에 오르는 길이 여섯 갈래라는 적확한 의미 보다는 길이 아주 많다는 뜻으로 해석하는 것이 맞다. 또한 ≪한서·지리지≫에서는 류판산을 '략반도'(略盤道)라는 지명으로 표기하고 있는데 이후 '락반도'(絡盤道)로 잘못 불리다가, 지금의 '류판다오'(六盤道)가 됐다.

중국에서는 울창하게 우거진 숲을 좀체 만나기 어렵다. 그러나 류판산은 한여름에도 아침저녁 기온이 10℃ 안팎으로 서늘하게 느껴질 정도로 계곡이 깊고 시원해서 피서지로 유명하다.

세계정복을 눈앞에 두고 있던 칭기즈칸은 서역 원정을 마치고 돌아와 곧바로 서하 원정에 나섰다가 원정 막바지에 이곳 류판산 휴양소에서 사망했다. 칭기즈칸이 서하원정에서 운명을 다했다는 사실은 충격적으로 다가왔다. 그 때까지 건강에 문제가 있었던 것도 아니고 대적할 상대가 없었던 칭기즈칸은 어떻게 죽음에 이르게 되었을까. 서하의 장기저항은 어쨌든 칭기즈칸을 초조하게 했다. 그래서 칭기즈칸의 서하원정은 패착이었다. 그가 죽은 후 서하가 항복했지만 칭기즈칸은 살아서 서하의 항복을 받아내지 못했다.

칭기즈칸의 죽음은 지금까지도 미스터리로 남아있다. 갑작스러운 병이 발병한 것인지, 아니면 강인한 체력에도 불구하고 고령(64세)의 나이에 따른 피로누적인지, 혹은 역사에 기록되지 않은 서하군의 기습공격 등에서 입은 부상 때문인지 분명하지가 않다.

물론 가장 합당한 추론은 평생을 이어 온 전쟁의 피로를 고령의 칭기즈칸이 이겨내지 못했다는 것이다. 혹은 원정길에 동행한 서하공주 출신의 왕비에게 뜻밖의 공격을 당해 치명상을 입게 된 것이 죽음의 원인이라는 민간에서 전해 내려오는 이야기도 힘을 얻고 있는 것이 사실이다.

군사적으로 강한 적만 상대하면서 단숨에 격파하는 기병전술에 능한 몽골군이 수성(守成) 위주의 방어전략을 펼친 서하군을 상대하다가 뜻밖의 습격으로 칭기즈칸이 치명상을 입은 것이 원인일 수도 있다. '노자'(老子)의 말처럼 강한 적을 제압하는 것은 상대보다 더 강한 힘이 아니라 부드럽고 약한 것에 저절로 무너질 수 있다. '강대강'이 아니라, 약하고 부드러운 것이 강하고 억센 것을 무너뜨리게 되는 것이 세상의 이치였다. 칭기즈칸은 지금껏 상대해 온 강한 적이 아니라 군사적으로는 취약하지만 나름의 독창적인 문화를 갖고 있는 서하와의 전쟁을 성공시키지 못했다. 전쟁 중에 적의 장수가 먼저 죽었으니 서하로서는 완전한 패배는 아니었다.

"칭기즈칸은 류판산(六盤山)에서 죽었습니다. 1227년 아주 무더운 여름날이었습니다. 몽골군은 더위가 절정에 달한 한여름이어서 그의 시신을 몽골의 수도이자 고향인 알타이까지 운구해가기가 어려웠을 겁니다. 몽골의 역사에는 몽골 땅까지 운구했다고 기록돼 있지만 실제로는 운구행렬이 오르도스(초원 실크로드)에 몰래 매장하고 빈 수레만 고향까지 갔을 가능성이 아주 높습니다. 그것은 운구 행렬과 마주친 수만 명의 사람들이 즉시 살해됐다는 이야기와 함께 설득력있게 오르내리는 이야기입니다."

야하곡 안내원의 설명을 듣자 칭기즈칸은 류판산 인근에 묻혀있을 수도 있다는 생각이 들었다. 당시의 과학으로 한여름에 부패를 방지하는 것은 불가능했다. 후계문제에 대한 갈등까지 겹치면서 몽골까지 칭기즈칸의 시신 운구를 마칠 때까지 칭기즈칸의 사망사실도 대외적으로는 노출하지 않아야 한다는 점을 감안하면 최소한 서너 달이 걸리는 몽골까지의 운구를 비밀리에 거행하는 것도 쉽지 않았을 것이다. 예전

진시황이 지방순행 중에 숨겼을 때도 진시황의 사망사실을 숨긴 채 운구행렬에 소금에 절인 생선을 싣고 썩은 생선 냄새로 시신의 부패를 감추려 하기도 했다는 에피소드를 떠올리면, 칭기즈칸의 운구도 여의치 않았을 것이다.

초원의 유목민족을 하나로 통일한 후 세계최강의 군대를 앞세워 아시아는 물론, 유럽원정까지 성공시키고 세계제국 건설에 나선 칭기즈칸이었지만 서하는 그가 넘지 못한 벽이었다. 칭기즈칸이 살아생전 서하의 항복을 받았어도 서하는 철저하게 파괴됐을까? 결론은 다를 바 없었을 것이다. 칭기즈칸의 서하원정은 신하국으로서 약속을 지키지 않은 것에 대해 '본때를 보여주겠다'는 복수심이 담겨있는 정벌이었기에 칭기즈칸의 죽음과 관계없이 서하의 운명은 정해져 있었다.

원나라는 서하의 도성이 있던 싱칭부를 '닝샤'(宁夏)로 불렀다. 서하가 존재한 흔적까지 없애려고 했다면서도 '닝샤'라는 지명을 통해 서하가 거기 있었다는 사실을 기억하게 한 것이다. 혹시라도 칭기즈칸의 '서하를 멸망시키고 살아있는 모든 것을 없애라'는 유언은 처음부터 없었거나 잘못 전해진 것은 아니었을까하는 생각도 든다.

닝샤회족자치구를 찾아나서는 일은 칭기즈칸과 사라진 제국의 흔적을 꿰맞추는 일로부터 시작했다. 칭기즈칸과 서하는 어떤 운명으로 엮였길래 함께 사라지게 된 것인가? 20년 동안 칭기즈칸이 네 차례나 원정에 나서 결국은 끝장을 봐야 할 정도로 두 제국사이에 깊게 패어있던 숙명의 연원은 무엇이었을까.

3

마오쩌둥 주석

홍군(紅軍) 혁명가요가 장중하게 울려 퍼지던 류판산 자락에는 칭기즈칸 뿐 아니라 진시황과 마오쩌둥 주석 등 영웅호걸의 자취가 남아있다. '신중국의 아버지' 마오 주석은 장제스 국민당군의 토벌을 피해 대장정에 나서 류판산 정상에 올라 칭기즈칸과 진시황은 물론 한 무제 등을 떠올렸고 자신 또한 황제의 길을 가겠다는 속내를 감추지 않았다. 마오는 중국 공산당 내에서의 지도력을 확고히 장악, '신중국'의 칭기즈칸이 되겠다는 '욕망'을 한 편의 시(時)로 표현했다.

마오의 대장정은 류판산 정상부근에 건축된 '대장정 기념관'이 또렷하게 기념하고 있다. 대장정에 나선 마오의 '중앙 홍군'이 마지막으로 넘은 고산(高山)이 류판산이다. 류판산에 도달한 중국공산당의 주력세력 중앙 홍군은 장시성(江西)의 '홍색 소비에트'를 출발할 당시 10만여 명이었지만 80% 이상이 줄어든 2만 명으로 엄청난 타격을 입었지만 국민당군의 추격에서 완전히 벗어나 재기의 발판을 마련하는 데 성공한다. 마오 주석은 정상에 도착하자 '청평락, 육반산'(清平乐·六盘山)이라는 시를 통해 '신황제'의 꿈을 우회적으로 표현했다.

류판산 대장정 기념관에 전시된 마오쩌둥의 시 清平乐·六盘山 마오의 친필이다.

1937년 10월 7일이었다.

국민당 정부군의 최후의 포위선이라는 '핑량-구위안' 대도(平凉-固原大道)를 돌파한 지 사흘만에 홍군은 류판산에 도착했다. 마오 주석은 시지현(西吉县) 단자지(单家集)에서 '회족'(回族)들의 열렬한 환대를 받았다. 살아남은 홍군들과 함께 성대한 연회를 통해 대장정 성공을 자축한 것은 대장정 출발 후 처음이었다.

清平乐·六盘山 (毛泽东)

天高云淡, 望断南飞雁。
不到长城非好汉, 屈指行程二万。
六盘山上高峰, 红旗漫卷西风。
今日长缨在手, 何时缚住苍龙。

제국의 초상, 닝샤

닝샤는 마오 주석의 '황제의 꿈'이 처음으로 가시화된 감회깊은 곳이다.
닝샤의 유명 관광지인 사호(沙湖)에 세워진 마오 주석의 황금빛 동상.
마오는 무엇을 바라보고 있는가?

하늘은 높고 구름도 맑은 데
남쪽으로 향해 줄지어 나는 기러기떼 사라질 때까지 바라보다
만리장성에 오르지 못하면 대장부라 이르지 못하거늘
손꼽아 헤어보니 지나온 여정 이만 리.

류판산 정상에 올라 높은 봉우리를 바라보니
'홍기'는 서풍에 펄럭이고
내가 이끌고 먼 길을 가야하는 오늘
'푸른 용'은 이제 언제라도 잡을 수 있을 터…

1934년 10월 장시성(江西省) 루이진(瑞金)을 출발한 지 1년여 만인 1935년 10월 7일에서야 장제스의 봉쇄선을 뚫고 잔치를 벌일 수 있었다.

류판산에 세워진 '류판산 장정기념관'

이로부터 12일이 지난 10월 19일. 중앙 홍군은 산시성(陝西省) 바오안(保安)현에 도착, '1만2,000km'에 이르는 '중국 대장정'이 성공했다고 선언했다.

이 시를 통해 마오 주석은 국공합작 결렬후 장제스의 전면적인 토벌작전에도 불구하고 살아남았다는 안도감과 더불어 1년여 간의 대장정 과정을 통해 중국공산당의 지도자로 자리매김하게 된 소회도 함께 드러냈다. 특히 시에서 '홍군'의 붉은 깃발(紅旗)을 휘날리면서 '푸른 용'(苍龙)을 언제라도 잡을 수 있다는 표현을 쓴 것은 장제스(蔣介石) 총통을 넘어 새로운 황제가 되겠다는 욕망을 우회적으로 드러낸 것으로 해석된다. 10만여 명의 피와 땀으로 점철된 대장정 이후 중국 공산당의 역사도 새로운 국면이 전개될 수 있다는 것을 마오는 잘 알고 있었다. 마오와 중국 공산당에게 류판산은 삶과 죽음의 경계이자 신중국 건국의 계기로 기억할 수 있는 행복한 장소였다.

중국공산당은 마오 주석 사후 10년이 지난 1986년, 류판산 정상 부근에 '장정기념관'을 건립, 마오 주석의 업적과 중국 공산당의 대장정의 기억을 되살려놓았다. 이 장정기념관은 대장정 70주년을 맞이한, 2005년 9월 18일 더 크게 재단장되어 지금의 모습으로 류판산을 찾아 혁명의 기억을 추억하는 '홍색 여행자'들을 맞이하고 있다. 요즘도 때를 가리지 않고 류판산은 '붉은 여행'의 주요 포인트로 사랑을 받고 있다.

기념관 옥상에는 마오 주석의 '청평락, 육반산'을 친필로 새겨놓은 초대형 시비가 건립돼 있다. 그 시비를 바라보다가 마오 주석이 느꼈을 신황제의 욕망을 기억해냈다.

4

칭기즈칸 사망 미스터리, 낙마설?

칭기즈칸은 1226년 9월. 호라이즘 원정에서 돌아오자마자 서하원정에 나섰다. 다섯 번째 서하원정이었으나 칭기즈칸이 직접 원정을 이끈 것은 세 번째였다. 칭기즈칸은 1209년 서하원정에 나서 서하 황제의 항복을 받았다. 서하 황제는 공주를 칭기즈칸에게 시집을 보냈고, 신하로서 칭기즈칸의 몽골과 군신관계를 맺고 해마다 조공을 보내기로 약속했다. 그리고 몽골국의 요청이 있으면 언제든지 대외원정에 지원군을 보내기로 약속했다. 그런데 시간이 흐르자 서하는 조공을 게을리하고 지원군 약속을 제대로 지키지 않을 때도 있었다. 그 때마다 몽골은 군대를 보내거나 사신을 보내 서하로부터 조공을 제대로 바치겠다는 약속을 다시 받곤 했다.

서역으로의 오랜 원정길에서 돌아온 칭기즈칸은 곧바로 서하 원정을 강행했다.

'칭기즈칸 미스터리'는 여기서 시작된다. 역사는 당시 서하가 신하국으로서 칭기즈칸의 지원군 요청을 거부하고 몽골사신을 모욕했다는 사실을 적시하고 있다. 서하조정은 몽골사신이 와서 10만 명의 지원군을 요구했으나 서하는 몽골을 '종이호랑이'라며 노골적으로 무시하면서 지원군 파병요구를 무시했다. 당시 서하는 실크로드 무역을 통해 막대한 부를 축적했지만 황제 승계를 둘러싼 잦은 내분과 관료들의 부패로 개국 초기의 강건함을 잃고 무너져가고 있었다. 송과의 10년 전쟁, 요 및 금과의 전쟁도 서하의 국력을 쇠락시켰고 몽골군의 공격에는 황제가 항복해서 공주를 시집보내고 조공을 바치는 신하국으로 전락했다. 그런데도 서하조정은 군사력을 키우는 대신, 이웃한 송과의 화약을 통해 몽골과 금나라를 견제하는 외교전략을 구사했다.

신하국으로서 몽골의 지원군요구를 거부할 수 없는 곤궁한 처지였음에도 거절한 것이 결국 칭기즈칸의 분노를 사서 멸망의 길에 이르게 된 것이다.

칭기즈칸으로서는 '정복자 칸'의 요구를 무시하는 서하를 그대로 뒀다가는 대제국의 권위가 손상될 수밖에 없어 서역원정에서 돌아오는 대로 곧바로 서하정벌에 나섰다. 이미 서하는 제국으로서의 권위나 지위마저도 잃어버린 껍데기에 불과한 데 군이 원정의 피로도 풀지 못한 채 칭기즈칸이 직접 정벌에 나선 것은 다른 원인이 있을 수도 있다. 칭기즈칸은 하루 빨리 중원에 진출, 송을 무너뜨리고 대륙 전체를 정복하고 싶었던 것은 아닐까. 송을 치기 위해서는 중원의 길목에 위치한 서하부터 완전하게 복속시켜야 한다는 초조함에 사로잡혔을 것이다.

서하원정에 나선 30만 몽골대군은 서하변방의 요충지인 흑수성을 천신만고 끝에 무너뜨린 후 파죽지세로 서하의 도성, 싱칭부를 향해 진격했다. 1227년 1월, 몽골군은 서하의 도성을 제외한 서하 전역을 점령했다. 서하 황제는 항복하는 것 외에는 다른 선택이 없는 막다른 골목에 몰렸다. 화약을 맺은 송과 금에 지원군을 요청했지만 칭기즈칸에 맞서 지원군을 보내는 어리석은 송과 금은 아니었다.

그러나 서하의 저항은 의외로 강했다. 몽골군은 기병위주로 적을 격파하는 기동전을 펴는 데는 능했지만 성문을 걸어 잠그고 방어하는 적을 공격하는 '공성전'(攻城戰)에는 서툴렀다. 이번 서하원정에는 이 같은 상황을 감안해서 성벽을 부수는 '공성기'(攻城機)까지 동원했고, 6개월여 동안 황허의 물길을 돌리는 수공작전을 병행했지만 서하는 결사항전의 자세였다. 죽음을 무릅쓰고 서하군이 버티면서 전쟁은 소강상태로 접어들었다.

당초 계획과 달리 서하원정이 쉽게 마무리되지 않자 칭기즈칸은 한여름이 다가오기 전에 류판산에 여름휴양소를 차려놓고 더위를 피했다.

그 사이 엎친 데 덮친 격으로 서하제국에는 유례없는 대지진이 발생했다. 성내 대부분의 건물과 가옥들이 무너져 내렸고 수많은 사람들이 지진에 희생됐다. 식수와 식량이 바닥이 난 상태에서 지진까지 덮치고 전염병까지 발생해서 민심이 흉흉해지자 서하는 더 이상 버틸 수가 없었다. 황제는 사신을 보내 항복의사를 전했다. 대지진은 서하의 결사항전 의지를 무력화시켰다. 6개월 이상 포위당한 채 희망 없는 죽음의 도시로 변한 도성은 공포에 휩싸였다. 서하의 마지막 날들이 역사에 제대로 기록되어 있지 않기 때문에 당시 대지진으로 인한 피해가 어느 정도였는지는 정확하게 알 수가 없다. 궁궐 등 성내의 대부분의 건축물과 가옥들이 무너져 내렸을 것으로 추측할 수밖에 없다. 황제 이현은 지진이 발생하자 칭기즈칸에서 사신을 보냈다. '지진 피해를 수습하고 민심을 달래는 한편, 공물(供物, 항복할 때 바칠)을 마련할 시간이 필요하다'며 기다려달라고 요청했다. 자신이 직접 성문을 열고 나가서 항복의 예를 갖추겠다는 것이다.

칭기즈칸은 서하황제의 요청을 받아들였다. 그러나 서하황제의 항복을 받지 못하고 얼마 지나지 않아 의문의 죽음을 맞았다. 말에서 떨어진 부상 때문인지, 칭기즈칸은 건강을 회복하지 못한 채 죽어서 류판산을 떠났다. 또한 자신의 죽음을 절대로 알리지 말고 서하원정을 마무리한 후 서하의 모든 것을 없애버리라는 유언을 남긴 것으로 전해진다.

"살아 있는 모든 것은 사람이든 짐승이든 모조리 없애버려라.
나무와 풀도 모두 없애고 더 이상 그 누구도 그 곳에서 살지 못하게 하라."

칭기즈칸의 사망일시는 1227년 8월 25일이라는 설이 유력하다. 당시로서는 장수한 65세(1162-1227)였다. 초원에 떠도는 무수한 유목부족에 불과하던 몽골족을 통합, 몽골국을 건국한 후 정복전쟁을 통해 '대제국'으로 가는 길을 마련하고는, 유럽과 아시아 대륙을 평정하는 등 세계사에 유례없는 '전쟁 영웅'의 죽음치고는 미스터리가 겹겹이 쌓인 죽음이었다.

세계 정복을 꿈꾼 칭기즈칸도 '진시황'과 마찬가지로 '불멸'을 꿈꾼 적이 있다. 도교의 선사인 '도사'(道士)들이 신선처럼 늙지 않고 사는 법을 알고 있다는 말을 전해들은 칭기즈칸은 유명하다는 도교 선사를 불러 '영원히 살 수 있는 비법을 알려달라'고 요청했다는 것이다.

"삶을 연장시킬 수는 있지만 죽지 않고 영원히 살 수는 없습니다. 폐하, 다만 사냥과 여색(女色), 음주의 쾌락을 물리치셔야 합니다."

선사가 '불멸은 없다'며 절제하며 생활할 것을 조언하자 칭기즈칸은 화내지 않고 그의 말을 따르겠다면서 극진하게 대접하도록 했다. 그렇다고 칭기즈칸이 선사의 충고대로 몽골인들이 즐기는 사냥과 음주 등을 자제하는 등 절제된 생활을 하지 않았다. 그는 살아있는 '영웅'이었고 정복자로서의 욕망을 단 한 차례도 멈춘 적이 없었다. 원정에서 돌아와서 서둘러 서하원정에 나선 것도 '정복욕' 때문이었다.

무려 7년간의 서아시아 원정을 끝내고 돌아온 지 1년이 채 지나지 않은 시점에 서하원정에 나선 것이 결국 그의 죽음을 앞당긴 원인이 된 셈이다. 칭기즈칸은 서하를 징벌하지 않고 내버려둬서는 칸으로서의 체면이 손상된다고 생각했다. 무엇보다 중원으로 가는 길목을 가로막고 있는 서하를 그대로 두고 송나라를 공격할 수 없었다. 서하원정을 서둘렀던 현실적인 이유가 그것이다.

칭기즈칸의 사망원인에 대해서는 대여섯 가지의 추측이 있다. 첫 번째는 '몽골비사'와 '원제국사' 등 몽골의 역사서가 공통적으로 기술하고 있는 낙마설이다. 말을 타다가 떨어진 가벼운 부상이 깊어져서 사망에 이르렀다는 것이다. 이 '낙마설'을 반증하기 위해 몽골비사는 칭기즈칸이 어릴 때부터 말 타는 것을 좋아한 '타고난 기병'이었으며 사냥을 좋아했다는 점을 덧붙여놓았다.

칭기즈칸의 초상, 그는 불세출의 전쟁영웅이었다

'모든 몽골족이 그랬듯 타고난 기병이었던 칭기즈칸은 사냥을 매우 좋아했다. 사냥은 그에게 놀이이자 경제적, 상징적 활동이었으며 전쟁 실습이기도 했다. 사냥은 개인 또는 집단으로 행해졌는데, 집단 사냥의 경우 사냥꾼들은 몇 주씩 몰이에 나섰다. 몽골족은 피에는 동물의 영혼이 깃들어 있다고 여겨 피를 흘리는 일은 피했다. 따라서 덫이나 돌 올가미, 아니면 매를 이용해 사냥을 했다.

역설적으로 황제가 그토록 좋아하던 사냥이 그를 죽음으로 이끌었다. 1223년 3월, 그는 사냥 중 말에서 떨어져 첫 번째 부상을 입었다. 이후, 사람들은 사냥을 만류했지만 소용이 없었다. 쇠약해져서인지 노령 때문인지 그는 1225년 가을 두 번째로 낙마를 했다. 이번에는 상태가 심각해 주변에서 그에게 진행중이던 탕구트족과의 전쟁을 중단하자고 할 정도였다. 사냥도 전쟁도 포기하기 싫던 칭기즈칸은 자신이 바라던 대로 사냥 중 일어난 사고가 원인이 되어 1227년 전쟁터에서 숨을 거두었다…'

〔칭기즈칸과 몽골제국, 장 폴루, 시공사〕

그가 1223년과 1225년 연이은 낙마로 인해 부상을 입었다면 건강상태가 상당히 좋지 않았거나 고령으로 서하원정을 직접 진두지휘하기가 어려웠을 것이다. 그런데도 그가 말을 타고 수천Km나 떨어진 서하원정에 나섰다는 것은 설득력을 갖기 어렵다. 만일 그 이전에 부상을 입었다면 상처를 치료한 후에 원정에 나섰을 것이다. 서하원정은 1226년 여름에 단행된 일이다.

하긴 칭기즈칸은 중원진출에 목을 매고 있었다. 평생을 정복전쟁에 몰두했지만 중국 대륙을 정복하기 위해서는 중원의 길목에 있는 서하제국을 먼저 무너뜨려야 했다. 1211년 금나라를 공격해서 1215년 금나라의 도성인 베이징에 입성하는데 성공했다. 그러나 당시 베이징은 중원왕조가 아닌 변방이었다. 중원왕조인 송나라와는 전쟁다운 전쟁을 한 적이 없었다. 당시 서하는 이웃한 송과 금과 각각 화친조약을 맺는 등 외교 전략을 통해 생존을 도모하고 있었다. 칭기즈칸으로서는 중원으로 진출하기 위해서는 서하부터 쳐야 했다. 전쟁은 필연적이었다. 결과는 칭기즈칸의 사망과 서하제국의 멸망이라는 비극이었다.

칭기즈칸이 서하에서 사망했다는 사실과 사망날짜에 대한 기록은 별다른 문제가 없다. 원 멸망 후 명 초기인 1368년에 집필된 '원사'(元史)는 칭기즈칸의 사망에 대해 "병이 치료할 수 없을 정도로 위중하게 돼 마침내 사망했다"고 기록하고 있다.

칭기즈칸 서하원정

조금 더 믿을만한 칭기즈칸의 죽음의 원인에 관한 기록은 '몽골비사'(元朝秘史)(제12권)에 있다.

"그 해 겨울을 나고, 탕구트 사람들에게 출정하자며 새로 병력을 헤아려, 개해(1226년) 가을에, 칭기즈칸은 탕구트 사람들에게 출정했다. 카툰들 가운데 이수이 카툰을 데리고 갔다. 도중에 겨울에 아르부카의 많은 야생마를 사냥할 때 칭기즈칸은 황톳빛을 띤 잿빛 말을 타고 있었다. 야생마들이 다가오자 황톳빛을 띤 잿빛 말이 놀라는 바람에 칭기즈칸은 말에서 떨어져 살이 몹시 아파서 초오르카드에서 야영했다. 그 밤을 지내고 다음 날 아침 이수이 카툰이, '아들들 노얀들이 상의하시오! 칸께서 밤에 살이 뜨거운 채로 밤을 새우셨습니다'고 했다. 거기서 아들들과 노얀들이 모였을 때 콩코탄의 체르비가, '탕구트 사람들은 (진흙을) 이겨 만든 성을 가진 자들, 고정된 거주지를 갖고 있는 자들, (진흙을) 이겨 만든 성을 지고 어디로 안갑니다. 고정된 거주지를 버리고 딴 데로 안 갑니다. 그들은. 우리는 물러갔다가 칸의 살이 식으면 다시 출정합시다'고 제안하자 모든 아들들, 노얀들이 이 말을 옳게 여겨 칭기즈칸에게 아뢰자 칸이 '탕구트 사람들이 우리를 '용기가 없어서 돌아갔다'고 할 것이다. 우리는 사신이라도 보내고, 바로 이 초오르카드에서 휴양하다가 그들의 얘기를 알아보고 물러나도 된다'고 하고 거기서 사신에게 소리를 받들게 하여, 작년에 부르칸 네가 이르기를 '우리 탕구트 사람들은 그대의 우익이 되겠다!'고 했다. 네가 그렇게 얘기하길래 사르타올 사람들이 화의에 아니 들길래, '출정하자!'고 하며 부탁하여 보내니 너 부르칸은 자신의 약속을 지키지 않고, 군대도 아니 주며, 말로 모욕해왔다. 다른 것을 목표했을 때였으므로 나중에 확인해 보기로 하고, 우선 사르타울 사람들에게 출정하여 '영생의 하늘이 가하하여 사르타울 사람들을 옳은 방향으로 들게 하고 이제 부르칸에게 말을 확인해 보려고 오고 있다'고 해서 보내자 부르칸이, '모욕하는 말은 내가 안했다'고 했다.

아샤 감부가 '모욕하는 말들을 내가 했다. 이제라도 너희들 몽골이 싸움을 배웠으니 싸우자고 한다면 나는 알라샤이(허란산)에서 목영하며, 모전 장막이 있고 낙타 짐을 갖고 있다. 알라샤이를 향해 내게 오라! 거기서 싸우자! 금, 은, 피륙, 재화가 필요하면 에리 카야(닝샤), 에리 제우(西凉)을 목표로 해라!'고 하여 보냈다.

이 말을 칭기즈칸에게 전하자 칭기즈칸이 살이 뜨거워져 있다가 '자, 그러자! 이렇게 큰 소리를 치는데 어떻게 물러나겠는가? 죽을 때 죽더라도 그 흰소리를 근거로 가자!'고 하고 '영생의 하늘이여, 그대가 아소서!'라고 하며 칭기즈칸이 알라샤이를 향해 가서 아샤 감부와 싸워 제압하고 알라샤이 위에 요새를 쌓은 아샤 감부를 잡고 모전 장막을 빼앗고 낙타 짐을 가진 그의 백성들을 재로 날리도록 약탈했다.

용맹스럽고 사내다운 탕구트들을 도살하고, 군인들에게 '이런 저런 탕구트들을 잡는 대로, 찾는 대로 가져라!'하고 분부하였다.

칭기즈칸이 차수투 위에서 여름을 나고, 아샤 감부와 산에 올라 저항하던 모전 장막을 가진, 낙타 짐을 가진 탕구트들을 군대를 보내 의도한 바대로 전멸할 때까지 약탈했다. 거기서 보오르추와 무칼리에게 '힘이 자라는 데까지 갖도록 하라!'고 상을 내렸다. 다시 칭기즈칸이 분부하여 보오르추와 무칼리에게 상을 내리면서 '키타드 사람들로부터 약탈한 것을 주지 않았다'고 하며 '키타드 사람들의 주인을 그대 들

이 똑같이 서로 나누어 가져라!'

　칭기즈칸이 차수투에서 이동하여 우라카이 성에서 묵고 우라카이 성에서 이동하여 두르케게이성(靈州城)을 깨뜨리고 있을 때 부르칸이 칭기즈칸을 알현하러 왔다. 거기서 부르칸이 황금 불상을 비롯한 금은 기명을 9가지로 9벌, 동남동녀 각 9명, 거세마와 낙타 각 9마리 등 모든 것을 9가지씩 9벌로 갖추어 알현할 때 부르칸을 문을 닫은 채 알현케 했다.

　그가 알현할 때 칭기즈칸은 기분이 좋지 않았다.

　사흘 째 되는 날 칭기즈칸이 일루쿠 부르칸에게 시두르구라는 이름을 주어 일루쿠 부르칸 시두르구를 오게 하고 칭기즈칸이 '일루쿠가 사라지게 하라! 톨룬 체르비가 손을 대어 사라지게 하라!'고 명을 내렸다. 거기서 톨룬 체르비가 '일루쿠에게 손을 대 끝장을 내버렸습니다.' 하고 아뢰자 칭기즈칸이 '탕구트 사람들에게 얘기를 확인하러 오는 도중에 아르부카의 야생마를 사냥하다가 아프게 된 내 살이 낫도록 하라고, 내 목숨, 내 몸을 아껴 제언한 자가 톨룬이다. 우리는 적의 독언으로 인하여 와서, 영생의 하늘이 힘을 보태주어, 적이 우리 손에 들어오게 하고, 우리의 원수를 갚았다. 일루쿠가 가져 온 이 이동식 행궁을 기명채로 톨룬이 갖도록 하라!'고 분부를 내렸다.

　탕구트 사람들을 약탈하고, 일루쿠 부르칸에게 시두르구라는 이름을 주어 그를 끝장내고, '탕구트 사람들의 어머니, 아버지를 자손대대로 둥근 것, 흰 것을 없이 만들고 음식을 먹을 때도 '둥근 것, 흰 것이 없다'며 죽여 소진시키는 말을 하고 있거라'고 명을 내렸다. 탕구트 사람들이 말을 하고 지키지 않았기 때문에 탕구트 사람들에게 칭기즈칸이 두 번째로 원정하여 무찌르고 돌아와 돼지해에 하늘로 올랐다. 올라간

뒤에 아수이 카둔에게 탕구트 사람들을 많이 주었다."
여기까지가 몽골비사에 있는 내용이다.

몽골비사에 나오는 '칭기즈칸은 당항족을 정벌하러 가면서 군마에서부터 사냥개에 이르기까지 모든 것을 사전 점검했고 황후들도 데리고 갔다. 그 해 겨울에, 칭기즈칸은 사냥을 하러갔는데 그가 탄 붉은 말이 야생마에 놀라는 바람에 떨어져 큰 부상을 입었다. 다음 날 부인이 여러 신하들에게 말하기를 '황제께서 오늘 밤에 열이 많이 났다. 함께 상의했으면 좋겠다."라는 부분을 보면 칭기즈칸의 죽음은 서하원정 중에 사냥을 하다가 낙마해서 생긴 부상이다.

이 몽골비사를 통해 분명하게 확인할 수 있는 것은 칭기즈칸이 서하원정에 황후들을 함께 데리고 갔다는 점을 눈여겨봐야 한다. 그해 겨울, '사냥을 좋아하는' 칭기즈칸이 '아얼뿌허'(阿儿不合)라고 곳에 사냥을 하러 갔는데 갑자기 그가 탄 붉은 망사를 두른 말이 야생말에 놀라서 칭기즈칸을 낙마시켰다는 대목이 나오는데 평생을 말을 타고 전장을 누빈 칭기즈칸이 자신의 애마를 타고 있다가 떨어져서 부상을 당했고, 갑작스럽게 사망했다는 기록은 믿기 어렵다.

만일 그해 겨울 칭기즈칸이 원정 중 사냥터에서 낙마해서 다쳤고 부상이 위중했다면 원정을 중단하고 돌아가는 것이 맞을 것이다. 자신의 부상으로 원정을 중단했다고 해서 몽골을 비웃을 이웃나라는 없다. 그의 신하들은 모두 원정을 중단하고 돌아갈 것을 건의했지만 칭기즈칸이 자신의 부상은 신경쓰지 말고 서하를 멸망시킬 것을 지시했는지도 모른다.

5
칭기즈칸의 죽음에 얽힌 비밀

칭기즈칸의 죽음에 대한 낙마설은 몽골비사 등에 공식적으로 기록된 것이지만 역사학자들도 잘 믿지 못한다. 어린 아이부터 말을 타는 몽골족의 관습을 보더라도 칭기즈칸이 말에서 떨어진 부상으로 죽음에 이르게 되었다는 주장은 밝힐 수 없는 곤란한 다른 사인을 숨기기 위한 것이 아닐까하는 합리적 의혹이 있다.

'낙마설'과 더불어 신빙성이 다소 떨어지는 두 번째 사인은 '벼락설'이다. 칭기즈칸 사망 후 얼마 지나지 않아 몽골을 방문한 한 포르투갈인이 민간에서 떠돌던 칭기즈칸의 사망원인에 대한 소문을 바탕으로 기록한 것으로, 벼락에 맞아 사망했을 가능성이 높다는 주장이다. 그가 몽골을 방문했을 때나 지금도 사막과 초원의 몽골에서는 한 여름에 벼락에 맞아 다치거나 사망하는 사고가 종종 있었다.

"(초원에서는) 어디에서든 갑자기 벼락에 맞아서 다치거나 심지어 죽게 되는 것을 많이 봤다."

벼락 정도가 아니라면 칭기즈칸이 어떻게 갑자기 말에서 떨어지게 되었을까라는 민간의 의혹을 설명하기 위해 제기된 것이 '벼락설'이 아니었을까. '몽골족이 천둥번개를 아주 두려워했다'는 사실도 벼락설의 근거로 활용되고 있다. 남송(南宋)시대 팽달아소(彭达雅所)의 '흑달사략'(黑韃事略)에는 "타타르인(몽골인)들은 천둥소리를 들으면 반드시 귀를 막고 땅바닥에 납작 엎드린다."는 대목이 있다. '벼락설'은 요한 프랑크라는 포르투갈 신부가 제기한 것인데, 그가 몽골에 간 것은 칭기즈칸이 사망한 지 20여년 지난 1245-1247년 사이다. 그가 교황청에 돌아가 출간한 '타타르의 역사'라는 책에서 이같은 주장을 적시했다. 벼락설은 칭기즈칸이 몽골 초원에서 사망한 것이 아니라 서하의 류판산 휴양소에서 사망했다는 기록과 맞지 않는다.

칭기즈칸이 서하군과의 전투에 직접 나섰다가 서하군이 쏜 독화살에 맞아 죽었다는 '중독설'도 있다. 마르코 폴로가 '동방견문록'에 기술한 부분인데 이탈리아 상인인 마르코 폴로는 포르투갈 신부보다 30년이 더 지난 1275년 중국에 갔다. 원이 개국하고 얼마 지나지 않은 시점이었다.

마르코 폴로는 "서하원정에 나선 칭기즈칸이 타이진[太津, 지금의 닝사회족자치구의 지저우(吉州)]을 공격할 때, 서하 병사가 쏜 독화살에 맞았다. 독화살은 칭기즈칸의 가슴 부위에 맞아 상태는 점점 악화돼갔고 결국 칭기즈칸은 회복되지 못하고 죽음에 이르렀다"고 기술했다. 그러나 독화살에 맞아 치명상을 입었다는 주장은 몽골군이 서하원정에 나서 6개월이 지난 시점에 도성외의 전지역을 점령했다는 점과 서하원정과정에서 흑수성 외의 지역에서 서하군과 제대로 전투를 벌였다는 기록이 없다는 점에서 근거가 부족하다.

마르코 폴로의 주장과 비슷한 다른 독극물에 의한 '중독설'이 있는

데 그것은 서하병사가 쏜 독화살이 아니라 포로로 잡혀와 칭기즈칸의 수청을 들던 서하왕비 '古尔伯勒津郭斡哈屯'에 의한 독살설이 그것이다. 서하왕비가 서하황제가 항복하기 전 미리 인질로 보내졌을 수도 있지만, 아무리 출중한 미모라 하더라도 적의 왕비를 경계심을 풀고 칭기즈칸의 수청을 들도록 하지는 않았을 것이라는 점에서 다양한 추측 중의 하나라는 지적이다.

민간에서 회자돼 온 여러 사인 가운데 가장 신빙성있는 것이 '자상설'(刺傷說)이다.

이 '자상설'은 위에서 언급된 독살설과도 맥을 같이 한다. 칭기즈칸이 도성을 포위하고 있던 와중에 아주 아름다운 여인이 사로잡혔는데, 그녀가 '서하왕비'였다는 것이다. 칭기즈칸이 왕비의 미모에 마음을 뺏기자, 수청을 들도록 했는데 정사(情事)를 치르던 중 서하왕비가 칭기즈칸의 생식기를 물어뜯어 '치명상'을 입혔다는 것이다. 청조 강희(康熙) 원년(1662년)에 간행된 '몽고원류'에 이와 비슷한 내용이 기록돼 있다. 사실여부는 알 수 없지만 서하왕비가 포로로 잡힌 것이 맞다면, 아마도 서하황제가 미모의 서하왕비를 내보내 칭기즈칸의 수청을 들 기회가 되면 독살하도록 계책을 꾸민 것이라는 추측까지도 제기될 수 있다. 칭기즈칸이 원정을 마무리짓지 못하고 사망하면 몽골군이 물러갈 것을 기대할 수 있었기 때문이다.

몽골의 민간설화에서도 이와 비슷한 내용의 자상설이 전해지고 있다. 자상을 입힌 사람이 서하왕비라는 점은 비슷하지만 자상과 낙마가 함께 언급되고 있다는 점에서 진일보한 것이라고 할 수 있다. 즉 칭기즈칸과 정사를 치르던 서하왕비가 자상을 입혀 출혈이 나자, 화가 난 칭기즈칸이 막사에서 나와 말을 타고 초원을 달리다가 떨어진 부상이 치명상이 되었다는 것이다. 칭기즈칸의 사인으로 자상이 아니라 낙마가 더 큰 원인이라고 전환시켜놓은 점이 이채롭다.

칭기즈칸에게 '자상'을 입힌 장본인이 서하왕비가 아니라 서하공주 출신의 칭기즈칸의 황후라는 '자상설'의 다른 버전도 설득력있는 주장이다. 칭기즈칸은 정복전쟁에 나설 때마다 그 지역 출신의 황후나 후궁들을 여럿 데리고 출정하는 습관이 있었다. 몽골비사에는 칭기즈칸이 황후를 여럿 데리고 원정에 나섰다는 기록이 나온다. 1226년 서하원정길에는 1209년 항복선물로 칭기즈칸에게 시집보낸 서하공주가 당연히 동행했다. 누구도 범접하지 못할 정도로 경비가 삼엄했을 칭기즈칸의 처소에서 '자상'을 입일 수 있는 사람은 서하왕비가 아니라 원정길에 동행한 서하공주 출신 황후일 가능성이 높다. 서하공주 출신 황후는 자신의 조국을 멸망시키고 서하백성들을 해치게 되는 서하원정에 따라나서게 된 데 대해 절망했을 것이다. 그래서 칭기즈칸에게 서하와 서하백성들에 대한 자비와 용서를 구했을 것이다.

"폐하, 서하사람들은 문화와 예술을 사랑하는 착한 사람들입니다. 그들을 너그럽게 용서하시어 폐하의 발아래 무릎 꿇게 해주시기 바랍니다. 어린 아이와 아녀자, 노인들은 제발 해치지 말아주십시오…"

그녀는 눈물을 흘리며 조국 서하에 대한 용서를 구하며 매달렸지만 칭기즈칸의 태도는 냉정했을 것이다. 약속했던 조공을 제대로 바치지도 않았고 다른 나라 원정에 언제든지 지원군을 보내주기로 해놓고도 거부하고 칭기즈칸이 보낸 사신마저 조롱한 서하황제에 대한 분노는 누그러지지 않았다. 칭기즈칸에 맞선 나라는 폐허가 되다시피 파괴되고 살육당한다는 사실을 서하공주는 잘 알고 있었다. 그녀는 벽 앞에 가로막힌 듯 눈앞이 캄캄했을 것이다. 서아시아 원정에서 칭기즈칸의 군대가 저질렀다는 잔인한 학살과 파괴행위가 떠올랐다. 황후는 풍전등화신세인 서하의 멸망은 어쩔 수 없다 하더라도 서하백성들이 살육당하는 일만은 막고 싶었다.

도성 함락을 눈앞에 둔 어느 날 저녁이었다. 칭기즈칸의 게르(침실)에 불려 간 서하공주는 결심했다. 곧 서하가 항복하면 다시 칭기즈칸의 침소에 들어갈 기회가 없을 수도 있다. 그녀는 시간이 없었고 다른 선택의 여지도 없었다. 17년 전, 처음 칭기즈칸을 만났던 그 때가 기억났다.

치욕적인 항복의식을 마친 서하황제는 '정복자' 칭기즈칸을 위한 성대한 연회를 베풀었다. 연회에 불려나간 공주는 한 눈에 칭기즈칸의 눈에 들었다. 항복문서와 조공을 받아 돌아가는 칭기즈칸에게 서하 황제는 하나뿐인 공주를 딸려 보냈다. 9,000마리의 낙타와 말, 십만 량의 금은보화까지 실어 보내면서 하나 뿐인 공주까지 칭기즈칸에게 바쳐야 했다. 공주는 제국의 안위를 위한 제물이자 '희생'이었다.

낯선 몽골에서의 17년이 흘렀다. 고향으로 돌아가는 길이 서하원정에 동행하는 것이 될 것이라고는 상상도 하지 못했다. 공주의 가슴은 터질 것 같았고 눈물이 흥건했다. 칭기즈칸의 몽골군은 닥치는 대로 짓밟고 도륙할 것이 뻔했다. 서하백성들의 모습이 아른거렸지만 칭기즈칸에게 티를 낼 수도 없었다.

칭기즈칸의 처소(處所)에는 누구도 칼이나 흉기를 지니고 들어갈 수가 없다. 황후인 그녀로서는 그 방법 외에는 다른 것을 생각할 수 없었다. 실패하든 성공하든 이번에도 조국 서하를 위해 자신을 희생하는 고귀한 행위였다.

서하원정의 피로를 풀기위해 황후를 침소로 불러들였던 칭기즈칸은 그녀의 갑작스런 공격을 처음에는 깨닫지 못했을 것이다. 몸에서 통증을 느끼고 피가 흐르는 모습을 보고나서도 칭기즈칸은 한 동안 움직이지 않았다. 그녀가 서하공주출신이라고 하더라도 17년을 함께 산 황후였다. 칭기즈칸은 그녀를 한 번 쳐다보고는 말없이 처소 밖으로 나가 말에 올랐다. 말은 산 정상을 향해 달렸다. 칸의 호위병들이 뒤따라와서 말을 멈추자, 칭기즈칸은 고삐를 놓치고 말에서 힘없이 떨어졌다. 피를 많이 흘린 탓에 칸은 정신을 잃은 것이다. 말 잔등 위에 굳은 핏자국을 뒤늦게 호위병들이 발견했다. 칭기즈칸은 쉽게 회복되지 못했다. 결국 칭기즈칸은 깨어나지 못한 채 눈을 감았다.

서하공주의 자상공격은 이처럼 구체적으로 다가왔다.

칭기즈칸의 최후는 서하제국과 칭기즈칸간의 애증이 점철된 한편의 비극적 드라마였다. 칭기즈칸은 서하원정에 나섰다가 서하공주에 의해 죽음에 이르렀고 서하제국 역시 칭기즈칸의 죽음에도 불구하고 몽골군에 의해 역사속으로 사라지는 비극으로 드라마는 끝이 났다.

칭기즈칸의 사인을 서하공주 출신 황후의 자상공격에 따른 결과로 묘사한 소설('칭기즈칸' 콘 이굴던 지음)도 출간됐다.

"…서하정벌에 나선 칭기즈칸이 아랍의 도시 헤라트 함락직후 다시 조공을 중단한 서하정복에 나섰다. 초승달이 보름달로 여섯 번이나 변할 즈음(6개월 동안) 그들은 사막 남쪽을 돌아갔다. 산맥 하나만 넘으면 고향땅이었다. 그러나 칭기즈칸은 계속 앞으로 나아갔다. 몽골민족은 3,200킬로미터 이상을 지났다. 서하는 동쪽으로 더 가야했다.
구름 한 점 없는 하늘에서 태양이 지는 어느 따뜻한 초저녁에 차카하이가 칭기즈칸의 게르로 다시 찾아왔다. (차카하이는 서하의 공주로 1209년 칭기즈칸이 서하를 침공해 항복을 받고난 후 서하황제가 강화조약의 선물이자 인질로 칭기즈칸에게 반강제로 보내졌다.)
그녀는 헤라트 함락직후 찾아와서는 (서하를 침공하더라도) 여자와 어린아이는 죽이지 말 것을 간청했지만 칭기즈칸은 그녀의 부탁을 들어주지 않았다.
차카하이는 아이를 넷이나 낳았지만 여전히 날씬한 몸매를 유지하고 있었다. 그것은 서하 민족의 특징이었다.

두 사람의 호흡이 하나로 합쳐졌다. 차카하이가 앞으로 허리를 구부려서 칭기즈칸의 장화를 벗기고 거기서 기다란 단검 하나를 잡는 걸 칭기즈칸은 보지 못했다.

차카하이는 잠깐 몸을 떨었다.
칭기즈칸은 자신이 그녀를 껴안았기 때문이라고 생각했다.
순간 아래쪽에서 아릿한 통증이 느껴졌다. 한 순간 힘이 빠져나가는 걸 느꼈다.

차카하이를 밀쳤다.

"왜?"

칭기즈칸은 지금의 상황이 이해되지 않았다. 자신의 네 아이의 엄마인 차카하이가 자신을 해치리라고는 꿈에도 생각하지 못했다.

칭기즈칸의 어이없는 물음에 차카하이가 파리한 목소리로 대답했다.

"서하는 내 조국이에요. 당신이 서하를 정복하면 헤라트처럼 모든 것을 파괴하고 모든 사람을 죽여버릴거잖아요…"

칭기즈칸은 그녀와 떨어져서 칼을 뺐다.
그리고는 일어서서 상처부위를 확인했다.
피가 솟구치고 있었다
허리띠로 일단 지혈을 하고 게르를 빠져나왔다.

무작정 말을 타고 초원으로 내달렸다.
여전히 초저녁의 초승달이 머리 위에 따라오고 있었다.

6

칭기즈칸의 무덤은
아직도 발견되지 않았다

 칭기즈칸의 죽음은 서하가 항복할 때까지 철저하게 감춰졌고 몽골에도 알려지지 않았다. 칭기즈칸이 사망했다는 소식이 알려질 경우, 후계구도도 혼선이 생길 수밖에 없었다. 실제로 칸의 죽음이 알려진 후 후계를 둘러싸고 몽골 내부에서는 혼란이 빚어졌다.

 칭기즈칸의 시신 운구가 언제 이뤄진 것인지에 대한 기록이 없다. 그러나 서하황제의 항복을 받기 전에 시신운구에 나섰다가는 칭기즈칸의 죽음이 외부에 알려질 수 있기 때문에 아마도 서하가 무너지고 난 후에야 시신운구가 가능했을 것으로 추정할 수 있다. 여름철이었기 때문에 시신의 부패를 막는 방법이 문제였다. 시신에 기름을 칠하고, 미이라처럼 아마포로 겹겹이 꽁꽁 싸매고 온갖 향신료와 꽃가루를 동원했지만 닝샤의 한여름(8월) 땡볕에 시신을 온전한 상태로 몽골까지 운구하는 것은 불가능한 일이었다. 어쨌든 최대한 빨리 몽골로 운구해야 했을 것이다.

 몽골족은 당시 시신을 매장하는 관습을 따랐기 때문에 반드시 몽골로 운구하는 방법을 찾았을 것이다. 칸의 주검을 정복한 서하 땅에 매장하는 방법도 고려했겠지만 서하인들이 나중에 칸의 무덤을 파헤칠 수 있다는 우려 때문에 칭기즈칸의 후계자가 동의하지 않았을 것이다. 몽골 율법 또한 '칸'의 주검은 반드시 그들이 신성시하고 있는 '부르칸산'에 매장해야 했다. 몽골인은 시신에도 영혼이 있다고 여겨 시신을 화장하지 않고 반드시 매장하는 풍습이 있었다. 그런데 한여름에 시신을 부패시키지 않고 전혀 훼손시키지 않은 채 '부르칸산'까지 운구할 수 있는 방법은 없다.

그래서 칭기즈칸의 시신이 몽골땅까지 운구되지 않고 사망한 류판산 부근에 매장됐다는 설이 합리적으로 들린다. 몽골 민간에서는 칭기즈칸 스스로 자신이 죽은 후 몽골까지 시신을 이송하다가는 시신이 부패되거나 훼손될 수 있다는 점을 우려해서 류판산 부근에 평장(平葬)을 하고 몽골까지 시신이송을 하는, 거짓 장례행렬을 꾸미라고 유언을 남겼다는 이야기도 있다.

이같은 추측의 근거는 몽골인들은 시신에도 영혼이 있어서 훼손되지 않고 온전한 상태로 매장되어야 하는데 운구과정에서 시신이 부패하거나 훼손된다면 죽은 자의 영혼이 파괴되는 결과가 된다는 점을 우려했다는 것이다. 류판산 부근에 매장하는 것이 몽골인들의 '영혼을 온전하게 보전하는' 매장방식과 맞아 떨어진다는 것이다.

몽골비사에는 칭기즈칸의 운구행렬이 수십 리에 걸쳐 오르도스를 메웠다는 내용이 있는데 운구행렬을 마주친 백성들은 누구도 살아남지 못했다고 한다.

몽골에서는 아직도 칭기즈칸의 진짜 무덤을 찾지 못했다. 그래서 칭기즈칸의 시신이 몽골까지 운구되지 않고 사망한 서하의 류판산 부근 어딘가에 매장된 것 아니냐는 추측에 설득력을 더하는 근거가 된다. 중국 네이멍구(內蒙古) 자치구에는 칭기즈칸의 무덤이 조성돼있다. 오르도스시 남부 이진레이뤄진(伊金霍洛津)에 거대한 '칭기즈칸' 무덤이 있지만 이는 칭기즈칸의 진짜 무덤이 아니다.

마르코 폴로는 <동방견문록>에서 칭기즈칸의 후계자들은 모두 '알타이'라는 커다란 산에 매장돼 있다고 기록했다. 칸이 아무리 먼 곳에서 사망하더라도 시신은 반드시 이곳까지 운구해서 매장했고, 칸의 장례행렬과 마주친 사람들은 '저승에 가서 칸을 섬기라'며 모조리 살해했다고 한다. 몽골사람들은 칸의 장례행렬과 마주쳤다가 살해된 사람들도 저승에서 칸을 시중들게 된다고 믿었다.

"…몽케 칸이 사망했을 때에는 호송되는 유해를 만나 살해된 사람의 수가 실로 2만 명 이상에 달했다…."

〈마르코 폴로, 동방견문록〉

어쨌든 칭기즈칸은 자신의 무덤을 '세계의 정복자'답게 화려하고 웅장하게 조성하는 것을 원하지 않았던 것이 분명하다. 만일 후계자들이 칭기즈칸의 시신을 몽골 땅까지 이송해서 떠들썩하게 장례를 치르고 무덤을 조성했다면 '원(元)제국사' 같은 정사(正史)는 아니더라도 최소한 '몽골비사'에는 그런 정황이 기술되어 있어야 한다. 몽골비사에는 칭기즈칸의 장례식에 대한 내용이 없다.

중국 네이멍구자치구 이진레이뤄진(伊金霍洛旗) 초원에 조성된 칭기즈칸의 의관총. 가묘(假墓)인 셈이다.

몽골 민간에서는 칭기즈칸의 무덤이 비밀로 부쳐진 것은 칭기즈칸이 유언으로 자신의 장례를 아무도 모르게 밀장(密葬)하라고 함에 따라, 장례에 동원됐던 모든 사람들을 함께 순장(殉葬)하고, 무덤의 봉분도 찾아내지 못하도록 1만여 필의 말을 동원해 다지는 식으로 평장(平葬)했기 때문이라는 속설을 믿고 있다. 장례식이 끝난 후 매장과정에 참여한 모든 사람들을 죽였고 무덤도 성대하게 조성한 것이 아니라 누구도 찾아내지 못하게 평평하게 다졌기 때문이라는 것이다.

칭기즈칸 이후 중원을 장악한 중국의 역대 황제들도 칭기즈칸의 무덤에는 유라시아 대륙에서 획득한 금은보화 등 수많은 부장품들이 함께 묻혀있을 것으로 보고 칭기즈칸 무덤 발굴에 적잖은 관심을 기울였다. 그럼에도 불구하고 아직까지 칭기즈칸의 진짜 무덤은 발견되지 않았다. 봉건왕조로 마지막 중원왕조인 만주족의 청(淸)제국 황제들은 네이멍구자치구 일대를 정벌한 후, 몽골인의 고향인 오르도스에 칭기즈칸의 유물을 모아 칭기즈칸의 '의관총(衣冠冢)'을 조성, 칭기즈칸을 추모했다.

칭기즈칸의 무덤에 대한 기록으로 '원사'(元史)에 '장기련곡'(葬起輦谷)이라는 언급이 있다. '기련곡에 묻었다'는 뜻이지만 기련곡의 정확한 위치에 대해서는 몽골비사에 나오는 부르칸산과 오르도스 초원, 혹은 류판산 등으로 추측이 난무할 뿐이다. 부르칸산은 현재의 몽골공화국 수도 울란바토르 동북쪽에 있는 컨티산맥을 가리키는데, 몽골족이 신성시하는 성산(聖山)이다.

칭기즈칸의 죽음은 여전히 풀리지 않는 미스터리로 남아있다.

제3부
회족제국
回族帝國

\# 不会回国,
그대 다시는 돌아가지 못하리.

죽어 혼이라도 바람타고
사막을 건너
초원을 가로질러
낙타타고 돌아갈 수 있을까

돌아가서 그리운 고향 하늘에
내리는 한줄기 소나기처럼
사막 / 오아시스처럼 될 수 있을까

그 때는
바람 휘감아
고향 집 문고리라도 흔들어볼 수 있을까

아, 그러나
살아서는 영영
돌아가지 못하는 수만리 먼 고향, 서역(西域).
살아서는 영영 돌아갈 수 없는(不会不回)
……

1
회족 결혼식 참관기

닝샤 회족자치구를 대표하는 이슬람사원 '퉁신(同心)칭쩐쓰(淸眞寺)'에 갔다. 자치구의 중남부지역에 위치한 퉁신현(同心縣)에 위치한 퉁신칭쩐쓰에 도착하자, 겉으로 보기에는 중국식 전통 건축물로 마치 불교 사원으로 착각할 정도로 비슷했다. 그 때 갑작스레 사원 안에서 누군가 크게 소리치는 소리가 들렸다. '나팔소리'처럼 길게 울려 퍼지는 그 소리는 이슬람의 오후 예배시간을 알리는 '아잔'이었다. 아잔 소리는 영혼을 울리듯 길게 온 마을에 퍼져나갔다. 그러자 기다렸다는 듯이 채 오 분도 지나지 않아 하나같이 하얀 원통형 모자를 쓴 자전거 행렬이 기적처럼 만들어지고 있었다. 자전거를 탄 사람들은 사원 안으로 들어간 후 곧바로 한쪽에 마련된 세면실로 가서 (율법에) 정해진 순서에 따라 손, 발과 머리 순서로 깨끗하게 씻었다. 예배에 앞서 몸을 씻고 영혼을 정화하는 '정화'의식이었다.

칭쩐쓰 바깥에서 그 광경을 보던 나는 뭔가에 홀린 듯 안으로 빨려 들어갔다. 이슬람교나 이슬람에 대해서는 아무 것도 알지 못하는 문외한인 이방인이었지만 거부감보다는 중국 이슬람인 회족(回族, 후이주)

닝샤회향문화원

들의 예배모습이 궁금했다. TV화면에서 접해 온 '세계의 화약고' 중동의 이슬람문화가 떠올랐다. 정화의식을 마친 회족들은 삼삼오오 사원 앞에 모여 앉아 예배시간을 기다리면서 서로 자연스럽게 담소를 나누고 있었다. 그들에게 조심스럽게 다가가서 책에서 본대로 인사를 했다.

'앗살라무 알라이쿰'(아랍어: السلام عليكم)

앗살라무 알라이쿰은 아랍어로 "신의 평화가 당신에게"라는 뜻으로, 기본적인 이슬람의 인사말이라고 한다.

사원 앞에서 잠시 후 시작될 예배시간에 앞서 휴식을 취하고 있던 한 사람이 미소를 지으면서 손을 내밀어왔다. 그의 손을 맞잡으면서 어색하게 떠듬거리며 인사말을 건넸더니 '앗살라무 알라이쿰'으로 화답해왔다.

중국의 회족 역시 중동의 무슬림들과 마찬가지로 하루에 다섯 번씩 예배를 한다. 중국에서는 종교의식도 '중국식'으로 변형되지 않았을까 미리 짐작했지만 무슬림으로서의 신앙생활과 율법은 중동의 그것과 다를 바 없다고 했다. 무슬림이 아닌 경우에는 예배당에 들어갈 수 없다. 인촨에 있는 난관(南关)칭쩐쓰 같은 곳은 관광객들에게 경내를 개방하고 있지만 원칙적으로 무슬림이 아니면 이슬람사원, 칭쩐쓰에 들어갈 수 없다.

이슬람사원은 물론이고 어느 종교사원과 마찬가지겠지만, 예배당에 들어갈 때는 몸을 청결히 하고 반드시 신발을 벗어야 했으며 반바지차림은 금지였다.

예배당 내부는 사방을 둘러봐도 장식이 전혀 없는 것이 독특했다. 우상숭배를 철저하게 금지하는 이슬람 율법에 따라 예배당내에는 흔한 조각상은 물론이고 특별한 장식이 없었다. 불교사원의 불상(부처)이나 예수상 같은 마호멧상 등의 조각이나 상징물이 있을 것으로 상상했지만 예배당의 중앙에는 아무 것도 치장돼 있지 않았다. 중국 회족문화의 본산격인 '회향(回鄕)문화원'도 일반 칭쩐쓰와 마찬가지로 아무런 조각이나 상징물이 없는 것은 마찬가지였다.

예배가 끝나자 교인들은 다시 자전거를 타고 썰물처럼 칭쩐쓰를 빠져나갔다. 하루에도 몇 번씩 예배시간에 맞춰 사원에 와야 하기 때문에 그들은 서둘러 다시 자신들의 일터로 되돌아갔다.

회족들은 예배에 앞서 사원에 들어와서 곧바로 율법에 따라 손과 발 머리 순서대로 깨끗하게 정화의식을 한다.

닝샤(宁夏)의 한 지인으로부터 회족 전통 결혼식이 열리는데 보러 가지 않겠느냐는 연락을 받았다. 회족의 결혼식 풍습은 중국내 절대다수를 차지하고 있는 한족(汉族)의 풍습과 많이 다를 것이라는 생각이 들어 흔쾌히 가겠다고 대답했다.

결론적으로 말하자면 회족 역시 이슬람의 문화와 전통을 계승하고 지켜왔지만 오랜기간 중국에서 한족과 함께 살아오면서 한족의 문화에 동화된 탓인지 한족화된 것 같았다. 그러나 여전히 회족들은 남녀 구분없이 배우자를 선택하는 첫 번째 기준이 같은 회족이다. 요즘에야 한족과 결혼하는 회족의 수가 과거에 비해 크게 늘어나고 있지만 한족이나 다른 민족과 결혼하는 경우는 드물다.

이번에 참관하게 된 결혼식의 주인공인 신랑의 아버지가 회족의 종교지도자 '이맘'을 맡고 있는 중국식 명칭으로 '아훙'(阿訇)이었다. 그래서 더욱 회족다운 결혼식을 볼 수 있을 것으로 기대됐다.

결혼식이 벌어지는 날 아침 일찍 신랑이 미리 마련한 신혼집으로 향했다. 여느 중국 결혼식과는 다소 다른 풍경이라고 여길 수 있는 것은 신랑 신부가 마련한 신혼집에서 회족의 전통적인 방식의 혼인서약식을 먼저 거행하고 난 후 결혼피로연을 이틀에 걸쳐 신랑과 신부집에서 각각 여는 방식이었다.

신랑이 신부를 맞이하는 방식은 중국내 다른 지방에서 흔히들 볼 수 있는 한족 결혼식과 별반 다를 바 없었다. 신랑이 갖고 있는 재력에 따라 결혼식에 동원하는 자동차의 수준과 규모가 다를 뿐이다. 평범한 일반 라오바이싱(老百姓, 서민)의 결혼식이더라도 요즘 중국 결혼식에서는 최소 10대 이상의 고급 승용차가 결혼식 행사에 동원된다. 물론 신랑은 신부집에 일종의 지참금인 납폐금을 지급하는 것이 상례다. 납폐금은 형식적으로 주는 돈이 아니라 상상을 초월할 정도다. 또한 신혼집도 신랑이 준비해야 하고 대도시에서는 최소한 아파트는 갖고 있어야 한다. 그럴만한 능력이 없으면 결혼하기 힘들다.

그래서 중국에는 혼수 제1호로 꼽히는 아파트를 소재로 한 드라마가 인기다. 지난 2009년 드라마 '워쥐'(蝸居·달팽이 집, 작고 누추한 집이라는 뜻)가 사회문제화가 된 '집' 문제를 정면으로 다뤄 인기리에 방영된 바 있다. 워쥐의 주인공인 젊은 부부는 아파트를 장만하지 못한 채 결혼해서 아파트 장만을 위해서 아등바등 살아가는 이야기가 주 스토리다. 요즘 중국에서는 사랑에 빠진 젊은 남녀가 결혼을 앞두고 아파트 때문에 고민하고 사랑이 깨지는 일을 허다하게 겪고 있다. 그래서 중국에서는 결혼할 때 신랑이 아파트를 장만해야 하는 중국식 관행 때문에 아들보다는 딸을 선호하는 경향이 있다

오늘 결혼식을 하는 '회족' 신랑은 아파트를 마련하지는 못했지만 자신이 마련한 신혼보금자리에서 신부를 맞이하기 위해 준비를 하고 있었다. 신부가 곧 도착한다는 전화를 받자 신랑은 예복을 다시 한 번 정갈하게 확인하고는 서둘러서 집 앞으로 뛰어나갔다. 드디어 회족식 결혼식이 시작됐다. 왁자지껄하면서도 '기분좋은' 술렁거림과 더불어 한 떼의 붉은 장식을 단 결혼식 차량들이 도착했다. 신랑이 신부가 탄 승용차로 다가갔지만 문은 곧바로 열리지 않았다. 신랑이 문을 열어서

신부가 도착하자 신랑이 신부의 발이 땅에 닿지 않게 업어서 '신방'으로 이동한다.
신부는 흰 드레스에 '홍사'를 쓰고 얼굴을 가렸다.

내려줄 때까지 신부가 먼저 내려서는 안되기 때문이다. 특히 중국 결혼식에서는 신랑이 결혼식장까지 신부를 에스코트 할 때에 식장 앞에 도착한 '신부의 발이 식장에 도착할 때까지 땅에 닿아서는 안 된다'는 불문율이 있다. 반드시 신랑은 신부를 번쩍 들고 가던가 아니면 안거나 업고서 결혼식장까지 에스코트해야 한다. 신랑 이외의 다른 사람이 신부와 먼저 접촉해서도 안 된다. 신부를 맞이하는 것은 오로지 '신랑 몫'이다.

승용차의 문이 열리자 뒷좌석에 다소곳이 앉아있는 붉은 '홍사'(紅絲)를 두른 신부의 모습이 보였다. 신랑이 다가가서 신부를 안았다. 신부는 붉은 망사를 뒤집어써서 얼굴을 가렸고 흰 드레스를 입었다. 원래 회족들은 결혼식 때 신부가 붉은 드레스를 입는 전통이 있는데 요즘은 붉은 드레스 대신 얼굴만 붉은 홍사를 쓰기도 한다. 대신 하얀 드레스 아래 보이는 구두가 붉은 색이어서 인상적으로 보였다. 신랑은 신부를 번쩍 안았다가 뒤로 업었다. 그리고는 신혼집을 향해 움직이기 시작했다. 그런데 신랑이 움직이지 못하고 어쩔 줄 몰라하며 안절부절이다. 신부가 얼핏 봐서도 꽤 몸무게가 나가는 것처럼 보여서 무거워서 그런가 생각했는데 그 때문이 아니었다. 신랑이 신부를 업고서 가려고 하자 신부 측 자동차에서 내린 들러리들이 신랑의 앞을 가로막아 선 것이다. 우리나라 결혼풍습에서 흔히들 볼 수 있는 풍경이었다. 함 팔러나선 함잡이를 극진히 대섭하는 것처럼 신랑이 신부를 쉽게 데려갈 수 없도록 신부측 친구들이 방해를 하고 있었다. 한시라도 빨리 신부를 데리고 가려는 신랑은 미리 준비한 봉투를 꺼내어 하나씩 신부측 들러리에게 건넸다. 그러자 잡혔던 신랑의 팔이 자유로워졌다. 결혼식 풍습은 국경을 초월해서 비슷했다.

그래도 신랑은 쉽게 신혼집에 가지 못했다. 신혼집이 2층이었는데 하객들이 보기에도 신부가 꽤나 무거웠기에 신부를 업은 신랑이 계단을 올라가는데 가쁜 숨을 쉬었다. 신혼집에 도착한 신랑과 신부는 아무도 들이지 않고 문을 닫고는 한동안 집안에서 무언가를 하는 듯 했다. 10여분이 지나자 문이 열렸다. 문밖에서 기다리던 하객들이 우르르 신혼방으로 몰려 들어갔다. 먼발치에서 보던 나도 무슨 일인가 싶어서 따라서 들어갔다. 하객들은 곧바로 신방으로 들어가서 침대보와 이불을 들추더니 그 사이에서 쏟아지는 물건들을 한 손에 가득 들고 의기양양하게 나왔다. 신랑신부는 집에 도착하자마자 준비해 둔 시탕(喜糖)을 침대 등에 감춰뒀던 것이다. 원래는 결혼을 축하하는 의미를 담은 예물사탕인 '시탕'(喜糖)을 하객들이 직접 신혼방에 들어가서 보물찾기처럼 찾아내 가져가도록 하는 풍습이었다. 이는 신혼의 꿈과 복을 하객들에게 함께 나눠준다는 의미가 담겨있었다. 물론 이 같은 풍습은 회족 고유의 그것이 아니라 중국 한족의 결혼풍습 중의 하나다. 결혼식이 시작되기 전부터 이처럼 왁자지껄한 한바탕의 식전행사를 치른 후 경건한 결혼식이 시작된다.

결혼식은 신혼집 거실에서 별다른 장식없이 진행되는 것이 이색적이었다. 신랑신부가 나란히 앉자 그 앞에 주례가 앉았다. 주례는 이 회족 마을의 종교지도자인 '아홍'이 당연직처럼 맡았다. 한족의 결혼식과는 다른 점이 회족들은 아홍 앞에서 결혼서약을 하는 것이었다. 세 사람 사이에 놓인 각종 견과류가 놓인 접시 옆의 두 사람이 함께 찍은 사진이 붙어있는 '붉은 수첩'이 눈에 띄었다. '결혼증명서'였다. 결혼증명서에는 두 사람이 함께 찍은 증명사진이 붙어있었다. 중국에서는 결혼식에 앞서 미리 관공서에 가서 '결혼증명서'를 받아야 결혼식을

결혼증명서

올릴 수 있었다.

물론 결혼증명서를 받기 위해서는 건강진단서는 기본이고 양가 가족들의 증명서 등 갖가지 서류들을 산더미처럼 내놓아야 정식으로 결혼증명서를 발급받을 수 있다고 한다. 지금이야 완전히 개방됐지만, 예전에는 중국인들이 다른 지방으로 여행하는 것도 엄격하게 제한됐고 그것을 통제하는 수단의 하나로 호텔 등의 숙박업소에서는 남녀는 반드시 결혼증명서가 있어야 함께 투숙할 수 있었다.

'아홍'의 주례사는 아주 길게 느껴졌다. 주례사는 회족 전통대로 아홍이 아랍어로 하면 중국어로 통역하는 순으로 진행되는 바람에 더 오래 걸린 듯 했다. 결혼식은 코란을 함께 암송하는 것으로 마무리되었다. 아홍이 코란을 펼치자 신랑신부도 각자 코란을 펼쳐 함께 읽었다. 오랜 세월이 흘렀어도 변하지 않은 회족 결혼식 장면이었다.

공식적인 결혼식은 끝이다. 이제 신랑신부가 함께 신랑의 본가로 가서 준비된 피로연을 갖는 시간이다. 결혼식 날에는 신랑 집에서 피로연을, 다음 날 다시 신부 집에서 이틀에 걸쳐 피로연을 하는 것이 회족 전통이라고 한다.

결혼식에서 빠질 수 없는 것이 축의금 '훙빠오'(紅包, 훙빠오는 반드시 붉은 봉투에 넣는다)다. 축의금 훙빠오는 원칙이 있다. 중국 회족이 이슬람식 전통결혼식을 고집하더라도 '훙빠오의 법칙'은 변하지 않는다. 물론 축의금은 최대한 많이 주는 것이 좋다. 보통 '8자'가 들어가는 금액을 책정한다. 신랑신부 가족과의 친소관계나 본인의 경제 사정에 달라지겠지만 80위안(한화 약 1만3,000원), 88위안(1만5,000원), 800위안(13만원) 등 '8'자로 끝나거나, 8자가 들어가는 액수를 선호한다. 우리나라에서는 축의금이나 부의금, 모두 하얀 봉투에 넣지만 중국에서는 축의금은 반드시 붉은 색 '훙빠오'에 넣는다. 요즘은 '위챗페이'나 '알리페이' 훙빠오를 통해 축의금을 전달하기도 한다. 이 역시 훙빠오라고 부른다.

중국에서 홍색(紅色)은 액운과 귀신을 막아주는 상서로운 의미를 갖고 있기 때문에 중국인들은 설날인 춘제(春节)에 주는 세뱃돈은 물론이고 축의금, 심지어 뇌물을 줄 때도 '붉은 봉투' 훙빠오를 사용한다. 우리나라에서처럼 흰 봉투는 중국에서는 사용하지 않는다. 흰색은 죽음을 의미한다.

회족결혼식 피로연. 산즈라고 불리는 튀김과 더불어 온갖 음식들이 푸짐히 차려진 상에서 하객들이 음식을 나눠먹으면서 결혼식을 축하하고 있다.
회족 결혼식 피로연에는 술과 돼지고기가 없다.

 피로연이 한창 열리는 신랑집으로 발길을 옮겼다. 피로연은 상다리가 휘어질 정도로 산해진미(山海珍味)가 가득했지만 두 가지가 특징적이었다. 우선은 이슬람이 금기시하고 있는 돼지고기가 들어간 요리는 전혀 찾아볼 수 없었다. 두 번째는 피로연에서 술을 마시지 않는다는 점이었다. 중국 결혼식 피로연에는 술을 마음껏 마시는 것이 일반적인데 회족 결혼식에서는 절대로 술을 마시지 않았다.
 회족 결혼식 피로연에서 눈에 띄는 음식은 식전음식인 '에피타이저'로 내놓은 '산즈'(馓子)였다. 산즈는 꽈배기 과자와 비슷한 모양이었는데 맛도 꽈배기와 다르지 않았다. 회족의 '산즈'와 '요우샹'(油香)은 이처럼 결혼식은 물론이고 회족 고유의 명절, 춘절 혹은 손님을 접대

할 때 반드시 내놓는 회족식 약방의 감초격인 음식으로 꼽을 수 있다. 이와 더불어 8가지 곡식으로 만든 '빠바오차'(八宝茶)도 회족들이 즐겨 마시는 전통 음식 중의 하나다. 특히 이 빠바오차는 보양차로 우리에게 잘 알려져 있다.

신랑집을 찾아 온 하객들은 입구에서 홍빠오를 접수한 뒤 곧이어 삼삼오오 테이블에 앉아 차려진 피로연 음식을 나눠먹으면서 새로운 가족의 탄생을 축하하고 있었다. 갑자기 피로연장 한 쪽에서 소란스러운 움직임이 일었다. 신랑의 부모가 우스꽝스러운 분장으로 등장해서 피로연장을 한 바퀴 돌아다니고 있었다. 회족 결혼식 풍습의 하나인 '시부모 놀리기'였다. 신랑의 부모가 숯으로 광대처럼 분장한 후 피로연장을 구석구석 돌면서 축하해주러 온 하객들에게 인사를 하면 하객들이 덧칠을 하거나 짓궂게 놀리면서 즐기고 있었다. 이는 신부를 새롭게 식구로 맞이한 시부모가 스스로를 광대처럼 낮춰 며느리를 따뜻하게 대해주겠다고 하객들에게 선언하는 의미를 담고 있다고 한다.

신랑의 아버지는 하객들의 테이블을 돌면서 "건강하게 잘 살고 손주는 두 명 정도는 낳았으면 좋겠어요. 최소한 두 명은 낳아야 하지 않겠어요…"라는 덕담을 듣고는 흡족해하는 표정이었다.

80년대 초부터 시행되던 '1가구 1자녀 정책'이 2016년부터 공식적으로 폐지됐지만 회족같은 중국내 소수민족들은 그동안에도 1자녀 정책의 예외가 적용돼 2명의 자녀까지 허용되고 있었다. 중국 정부의 소수민족 우대정책의 하나였다. 소수민족이거나 부부 중 어느 한 쪽이

회족 결혼식 풍습의 하나인 시부모놀리기. 시부모가 우스꽝스러운 복장으로 피로연에서 하객들 사이를 돌면서 축하를 받고 있다. 이는 새로운 가족을 맞이하면서 스스로를 낮추는 의미를 담고 있다.

소수민족 출신일 경우에는 1+1, 즉 2명의 자녀를 낳을 수 있었다. 그러나 한족(漢族)의 경우에는 1자녀 정책을 지켜야 했고 이를 어겼을 경우에는 엄청난 벌금을 부과하고, 공직자인 경우에는 각종 불이익을 받았다. 2015년 중국 공산당은 노동력 감소와 시대변화를 감안, 양회(兩會, 중국공산당 전인대와 정치협상회의)를 통해 '독생자녀'(獨生子女, 1자녀) 정책을 공식적으로 폐기한다고 선언했다. 이에 따라 1980년부터 26년간 시행해 오던 출산제한정책이 완전히 해제됐다. 현재 중국을 이끌고 있는 30-40대를 '빠링호우'(80後)라고 부르고 있는데, 이는 80년부터 시작된 1자녀 정책으로 태어난 '80년 이후 세대'라는 뜻이다.

2
후이샹, 닝샤宁夏

'신중국'(중화인민공화국)에서 종교의 자유가 허용되기 시작한 것은 오래되지 않았다. 종교를 '아편'처럼 여긴 중국 공산당은 기독교와 불교 등에 대해서는 엄격하게 통제했다. 그러나 이슬람교에 대해서는 억압하지 않았다.

중국내 이슬람인구는 회족을 포함해서 2,000~2,500만명으로 추산된다. 중국 이슬람도 우리가 알고 있는 전세계 무슬림처럼 매일 아랍어로 된 '코란경'을 외우고 하루에도 몇 차례 성지 메카를 향해 기도하는 등 이슬람 율법을 철저하게 지키면서 살아가고 있다.

중국내 무슬림은 분리 독립 움직임이 강한 동북부의 신장(新疆)웨이우얼(维吾尔)자치구의 웨이우얼족(위구르족)과 회족(回族, 후이주)이 대표적인 중국내 무슬림 인구다.

중국 무슬림들은 1천여 년 전부터 중국으로 이주해 '한족화'(漢化)됐지만 종교적 율법을 지키는 생활은 변하지 않고 있다. 신장웨이우얼자치구에 집중적으로 거주하고 있는 위구르족을 신중국 건국이후 중국영토에 편입된 신중국 무슬림이라고 한다면 '회족'은 당송(唐宋) 시대(BC 6세기 이후)이래 꾸준히 중국에 유입된 아랍계 용병과 이주민

제국의 초상, 닝샤

회족은 닝샤회족자치구에 집중적으로 거주하고 있지만 전국에 걸쳐 분포한다. 코란을 공부하고 있는 회족

들이 주축을 이루고 있다고 할 수 있다. 회족들은 위구르족과 달리 닝샤회족자치구를 중심으로 중국 전역에 분포하고 있다.

닝샤(宁夏)를 회족들의 고향, 후이샹(回乡)이라고 부르는 것은 중국 내에서 회족들의 인구집중도가 가장 높은 곳이기 때문이기도 하지만 오래 전부터 회족들이 이 지역을 중심으로 집단적으로 거주하고 있기 때문이다. 닝샤에서는 어디를 가나 흰색 혹은 검은색의 무채색 동그란 원통형 작은 모자를 쓴 남성이나 무채색 머리수건을 두른 채 얼굴만 노출한 여성들의 모습을 쉽게 볼 수 있다. 이들이 바로 '회족'이다. 회족은 닝샤회족자치구에서 전체 인구 661만 5천여 명(2014년 기준)의 35% 정도인 236만여 명에 이를 정도로 닝샤에서는 한족에 이어 두 번째로 인구가 많은 민족이다. 이른바 소수민족(少數民族)이 아니다.

또한 닝샤 회족 자치구의 어느 도시를 가더라도 초승달 모양의 표식이 높이 걸려있는 사원을 쉽게 만날 수 있다. 바로 회교사원인 '칭쩐쓰'(淸眞寺, 청진사)다. 닝샤에만 무려 2천여 개의 칭쩐쓰가 있는데 이는 회족들이 사는 마을마다 매일 이슬람식 예배를 볼 수 있어야 하기 때문일 것이다. 이들 칭쩐쓰는 멀리서보면 전통 중국식 가옥 형태를 하고 있어 불교사원으로 착각할 수도 있지만 초승달 모양의 표식을 달고 있어 구분된다. 즉 중국에서는 칭쩐쓰도 '중화회향문화원' 등 일부를 제외하고는 정통 회교사원 '모스크'의 형태를 갖추고 있는 칭쩐쓰를 찾아보기 어렵다. 회교 사원이지만 중국화된 셈이다.

회족의 고향이라는 명성에 걸맞게 최근에 인촨(銀川)에 건축된 '중화회향문화원'(中華回鄕文化院)은 전형적인 모스크 양식을 갖춘 회교사원으로 중국내 최대 규모를 자랑한다.

중국은 단일민족국가가 아니라 인구의 대부분을 차지하는 한족(漢族)과 55개 소수민족으로 구성된 다민족국가다. 한족외의 많은 소수민족 중에서도 회족의 위상은 특별하다고 할 수 있다. 회족외의 다른 소수민족들이 인종적으로나 문화적으로 독특한 특성을 갖고 있다면, 회족은 겉모양으로는 한족과 쉽게 구분할 수 없을 정도로 닮았다. 아랍계 회족의 경우에는 인종적으로 인도아리안계 혈통을 띠고 있지만 두드러진 아랍계 혈통이 드러나지 않는 회족들은 오랫동안 한족과 통혼을 하는 등 한족화가 이뤄지면서 회족만의 민족적 특성을 보여주지 못하고 있다. 인종적으로 두드러진 회족들은 아마도 당송시대 아라비아쪽에서 온 용병과 실크로드를 오가던 대상들의 후손일 것이다. 그 밖의 회족들은 이들 민족과 한족과의 통혼 및 몽골, 당샹족은 물론이고 다양한 이민족들이 섞여있는 데다 신중국 건국 이후 이뤄진 자의적인(?) 민족분류에 따른 '회족'이기 때문에 구분하기 어렵다는 지적도 있다.

사실 중국에서 '민족' 구분은 각 개인의 민족적 특성에 따른 등록이 기본이기는 하지만 엄격하지 않았다. 한족인데도 '소수민족'으로 등록하거나 이 소수민족으로 등록돼있다가도 '한족'으로 민족 등록을 변경하는 일이 가능하다. 중국정부는 개혁개방 전인 80년대 이전까지는 소수민족에 대해 분리독립을 억제한다는 명분아래 억압정책을 구사했다가 개혁개방 이후에는 다시 소수민족 우대정책을 통해 민족통합정책을 펴고 있다. 1가구 1자녀 정책을 한족에게는 엄격하게 적용하면서도 소수민족에 대해서는 2명의 자녀까지 허용한 정책은 대표적인 소수민족 우대정책이었다.

회족(回族, 후이주)이 닝샤 회족자치구에 언제부터 대거 이주하기 시작해서 살기 시작했는지는 분명하지 않다.

서하제국이 건국해서 2백여년 실크로드를 호령할 때까지 이 지역의 주인은 당샹족이었다. 서하가 칭기즈칸의 몽골군에 의해 멸망하고 난 후 한동안 이 곳에서는 서하인의 그림자를 찾아보기 힘들었다. 몽골군의 살육을 피해 서하인들은 전국으로 뿔뿔이 흩어졌다. '서하인'이라는 신분은 몽골의 지배하에서 '주홍글씨' 같은 낙인으로 간주되었기 때문이다.

그리고 1948년 중화인민공화국(신중국) 건국이전 닝샤의 주인은 회족이었다. 중국혁명과정에서, 마오쩌둥의 대장정과정에서 회족은 혁혁

회족의 대표적인 음식으로 꼽히는 싼즈. 꽈배기처럼 혹은 국수가닥처럼 튀긴다.

한 공을 세웠다. 특히 신중국 건국과정에서 '회족'으로 구성된 홍군회족부대(紅軍回族)는 뛰어난 활약상을 보였다. 그래서 마오쩌둥 주석은 중화인민공화국 건국과 동시에 수백만에 불과한 작은 인구와 다른 성(省)에 비해 협소한 면적에도 불구하고 '닝샤'를 닝샤성(宁夏省)으로 '성급'으로 우대했다. 그러나 중국 공산당은 곧 닝샤성을 인근의 깐수성(甘肅省)과 네이멍구(內蒙古)자치구로 분할해서 편입했다. 이에 닝샤를 고향으로 삼고 있던 회족들의 강한 반발과 국제외교무대에서 영향력이 큰 제3세계 이슬람국가들의 정서를 감안한 마오쩌둥은 닝샤를 '닝샤회족자치구'로 부활시켰다. 닝샤는 신중국 건국 후 짧은 시간에 성급 자치성에서 분할해체되는 수모를 겪었다가 자치구로 회생하는 우여곡절을 겪었다.

지금의 회족의 조상격인 아라비아 상인과 용병들이 중국에 처음 유입된 것은 당송시대 이전인 수(隋)나라 때부터였다. 이때부터 중앙아시아와 서아시아에서 초원 실크로드와 해상 실크로드를 오가던 상인들은 본격적으로 중국에 들어와 거주하면서 동서양을 잇는 교역활동에 종사했다. '호상'(胡商), '대식인'(大食人), '색목인'(色目人), '번객'(蕃客), '회회'(回回), '회민'(回民), '회족'(回族) 같은 당시 활동하던 상인들을 지칭하는 용어들이 같은 시기에 나온 것은 아니지만 현재 회족의 '선민'(先民)이거나 회족의 다른 호칭인 것만은 틀림없다.

627년(당태종 貞觀 원년) 현재의 이란 지역 일대에서 5천여 명에 달하는 유민이 당나라로 흘러 들어왔다. 당 태종은 이들 유민들을 받아들여 웨이저우[维州, 지금의 쓰촨(四川)성 리현(理县) 동북방]에 정착하게 했다. 나중에 회족이 된 이민족 유입이 사서에 기록된 첫 사례다. 그러나 민간 교역을 통해서는 수당(隋唐)시대 훨씬 이전부터 끊임없는 교류와 이주가 있었다. 사서에 기록돼있는 '서역오랑캐'(西域胡人)나 '호상'(胡商), '번객' 등의 표현이 그와 같은 이민족의 이주와 교류를 증명하고 있다.

이처럼 이슬람세력의 중국대륙 유입과 이슬람교 전파는 오랜 역사적 배경을 갖고 있다. 이슬람제국 건설 이전부터 이슬람세력은 중국과 교역활동을 활발하게 하고 있었다. 651년(당태종 때) 이슬람제국은 당나라의 수도 장안(長安)에 처음으로 사신을 보냈다. 이슬람과 중국간의 공식적인 외교관계가 최초로 수립됐고 이후 두 세계는 지속적인 외교와 교역활동을 이어나갔다.

거리의 이발사

"이 해에 대식국(大食國, 아랍제국) 왕이 당조(唐朝)에 최초로 사절을 보내, 대식왕조(大食王朝)가 34년간 세 왕에 의해 통치되고 있음을 알리다."

(구당서(舊唐書) 권 4 대식전)

아랍제국 최초의 사절단은 이슬람제국 세 번째 '칼리프'(황제)의 명에 따라 서기 651년 8월 25일. 당나라 수도 장안(長安, 지금의 시안)에 도착했다.

이슬람제국은 당나라 말기인 798년까지 중국에 39차례 공식적인 사신을 파견했다. 당에 이은 송(宋)나라 시대는 양 세계간의 교역관계가 절정에 달했으며 역대 어느 왕조보다 문화적 교류가 왕성했던 시기였다. 이 시기 중국에서 교역활동에 종사하던 '서역인'들은 아예 장안 등 중국내 거점 도시에 집단적인 정착촌을 형성했고 종교활동을 위한 이슬람사원 '모스크'를 건축, 자유롭게 종교활동을 하는 등 중국 사회에 뿌리를 내리기 시작했다. 이들은 교역활동 뿐만 아니라 아랍세계의 문물을 중국에 전해줌으로써 인류문화발전에도 크게 기여했다. 이때부터 중국사회에 유입된 '이슬람세력'은 중국문화에 동화된 다른 '이민족'들과는 달리 지금까지도 자신들의 종교를 고수하면서 전통 문화를 고수하고 있다. 그들이 바로 오늘날의 '회족'이다.

이슬람세력의 중국 이주에 결정적인 계기로 작용한 것은 751년 벌어진 '탈라스 전투'와 '안록산의 난'이었다.

'탈라스 전투'는 세계 제국을 지향하던 당나라가 이슬람제국과 처음으로 군사적으로 충돌한 '대사건'이었다. 탈라스 전투는 750년 고구려 유민 출신인 '고선지'(高仙芝) 장군이 이끄는 당나라군이 타슈켄트를 점령, 투르크인 군주를 처형하고 그 지역의 지배권을 확보하면서 시작된다. 칭기즈칸에 이은 중원왕조의 서역으로의 지배력 확장이 일견 성공하는 듯한 사건이었다. 그러나 투르크 군주의 아들이 범아랍세력에게 당나라군에 맞설 지원군을 요청하면서 당나라의 서역확장은 난관에 봉착하게 된다. 751년 이슬람제국 '압바스왕조'는 이슬람 연합군을 편성, 지금의 키르기스스탄에 있는 '탈라스 강'(Talas)에서 고선지 장군의 당나라 대군과 맞붙게 된다.

'탈라스 전투'는 아랍연합군의 승리로 귀결되었다. 당나라군은 7만여명의 주력 병력을 모두 잃었고 겨우 몇 천 명만 살아 돌아갈 수 있었다. 그러나 이슬람과 중국간 첫 군사적 충돌은 적대적 관계로 끝나지 않았고 동서문명의 교류로 이어지게 된다.

탈라스 전투 패배이후, 당나라는 일시적으로 장악했던 파미르고원 서쪽에 대한 영향력을 상실했다. 이슬람으로서는 중앙아시아에 이슬람의 영향력을 확산시키는 계기로 활용했다. 이 때 당나라군에 포로로 잡혔던 아랍 병사들이 당나라의 수도 장안으로 함께 돌아왔는데 당나라는 이들을 방면하고 수도 장안에 정착할 수 있도록 조치했다. 아랍연합군에 포로로 잡힌 중국병사들은 중국의 4대발명품 중의 하나인 '제지'(製紙)와 인쇄기술을 서구문명에 전파했다.

아랍 무슬림의 대규모 중국 유입이 이뤄진 다른 계기는 '안록산의 난'(755년)이었다. 안록산(安祿山)은 당 현종의 신임을 얻어 당나라의 변경수비대를 장악했는데 현종의 애첩 '양귀비'의 오빠 양국충이 안록산이 모반을 꾀한다며 견제에 나섰다. 이에 안록산이 '양국충을 제거한다'는 명분으로 반격에 나서 대군을 이끌고 중원으로 진출, 뤄양(洛陽)을 점령, 대연황제라 칭하고 당나라의 수도 장안까지 점령했으나 결국 실패했다. 안록산에 쫓긴 현종은 서둘러 아들 숙종(肅宗)에게 양위를 했고, 숙종은 아랍제국에 급히 사절을 보내 반란진압을 위한 지원군을 요청했다. 지원군이 도착해 '당-아랍 연합군'은 반란 2년만인 757년 수도 장안을 탈환하는데 성공했고 안록산은 자신의 아들에게 피살됐다.

이때 당나라에 파견된 '위구르군'이 본국으로 되돌아가려고 했는데 귀국길에 티벳에서 반란이 일어나 돌아갈 길이 한동안 막혔다. 당 조정은 이들 이슬람병사들에게 장안에 정착해서 살 수 있도록 집단거주

난관칭쩐따쓰

지를 마련했고, 중국인과 결혼할 수 있도록 배려하기도 했다. 이 때 정착한 이슬람병사들이 사실상 중국 회족의 공식적인 최초의 '선민'(先民)인 셈이다.

'당-송-원-명-청'(唐宋元明淸)으로 왕조가 이어지는 중국역사에 나타난 '회족'에 대한 기록을 찾아보면, 회족이 중국사서(史書)에 자주 등장하기 시작하는 것은 당(唐)나라 때부터라는 것을 일 수 있다. 당사(唐史)에서는 '회골'(回鶻)이나 '회흘'(回紇) 같은 표현이 자주 등장하는데 이들이 바로 회족이다. 당 다음의 송사(宋史)에서는 '회회'(回回)라는 말이 자주 나타나고 있는데 회족이 이미 중원지방의 북방에 집단적으로 거주하면서 독자적인 세력으로 자리 잡았다는 것을 간접 증명하고 있다.

회족이 중국역사에서 본격적으로 등장하는 시기는 몽골족이 중원왕조를 장악한 원(元)나라 시기다. 1227년 칭기즈칸이 사망한 후 4대 대칸(황제, 1대 황제는 칭기즈칸)인 몽케(칭기즈칸의 손자)가 남송원정 중에 병사하자 대칸의 막내 동생 아라크 부케가 몽골의 수도에서 쿠릴타이(귀족회의)를 열어 대칸에 취임했다. 몽케의 동생 쿠빌라이는 형의 시신을 수도로 운구하다가 이 소식을 듣고 내몽골에서 새로운 '쿠릴타이'를 열어 대칸에 취임했다. 몽골제국사상 초유의 두 명의 대칸이 존재하는 '형제내전' 사태가 벌어진 것이다. 수도에서 취임, 정통성을 확보한 아리크 부케지만 군사력에서 뒤져 4년여 간의 격렬한 내전에서 패배, 항복했다. 새로운 황제 쿠빌라이 칸은 제국의 혼란을 수습한 후, 둔전제(屯田制)를 도입, 자신을 도운 세력들을 정착시켰다. 이때 쿠빌라이 칸을 도운 핵심부대인 아랍세계에서 온 회족부대와 그들의 가족들을 지금의 닝샤지역에 이주시켜 정착하도록 했다. 이들이 지금의 닝샤 회족 선민의 일부였다.

원제국 시대에 회족들은 닝샤 뿐만 아니라 윈난(云南)과 허베이(河北), 장쑤(江苏) 등 중국내 곳곳에 속속 거점을 마련해서 집단거주하기 시작했다. 그런데도 회족들이 가장 많이 정착한 곳이 이 곳 '닝샤'였다.

"元時回回徧天下, 及是居甘肅者尙多"

(원나라 때 회회인들은 천하에 두루 살았지만 깐쑤지역에 정착해서 사는 자가 가장 많았다.)

-명사(明史) 열전(列傳)

청나라 때 편찬된 명사(明史)에서는 '회족이 천하에 두루 분포했지만 닝샤에 가장 많이 살았다'고 적시한 것을 보면 원 제국 때 닝샤가 회족들의 제2의 고향이 됐다는 것을 알 수 있다. 이 명사(明史)의 깐수(甘肅)는 지금의 깐수성 지역뿐만 아니라 닝샤회족자치구를 포괄하는 명칭이다.

원나라 시대에 닝샤에 회족들이 대거 이주하게 되었지만 닝샤에 정착한 회족들이 단일한 민족적 정체성과 공동의 문화공동체를 형성한 것은 아니었을 것이다. 아랍세계와 중국과의 동서교역이 활발해지면서 실크로드를 기반으로 한 대상(隊商)으로 중국에 들어왔든, 당(唐)제국 이래로 중원 왕조의 요청에 의해 반란을 진압하기 위한 지원군이나 '용병'(傭兵 당송시대에는 특히 기골이 장대하고 무예에 능한 아랍병사들이 용병으로 많이 고용됐다)으로 중국에 건너 온 아랍계 이주민들의 초기 거주지는 수도인 장안(長安)이나 동서간 교역이 활발하게 벌어진 쟝쑤성 등 해안지역에 집중돼 있었다. 이 때만해도 닝샤와 깐수 등의 북동부지역에 회족들이 내쳐 몰려가서 집단 정착할 이유는 찾아볼 수 없다. 초기에 닝샤와 깐수에 정착한 회족들은 인구가 집중되거나 하나의 민족으로서의 정체성이 확립되지 않은 상태에서 이들이 사실상 하나의 민족 공동체나 독립국가로서 구심점을 형성하는 일은 쉽지 않았다. 닝샤 지방에 회족들이 집중적으로 거주하기 시작한 것이 사실일지라도 이들이 이 지역의 중심세력이 된 것은 아니었다는 말이다. 회족들은 또한 이슬람에서 유입된 인구가 주축이었지만 몽골족과 토번족 및 중앙아시아의 유민들이 자연스럽게 이슬람교라는 종교를 매개로 회족으로 편입되기 시작한 것도 이즈음이었다.

사실 서하(西夏)가 멸망된 후 '당샹족'의 일파인 '서하인'(西夏人)들의 일부도 자연스럽게 회족이 됐을 것으로 추정되고 있다. 서하인이라는 정체성을 유지하면서 생존하기 어려웠기 때문에 서하의 후예들 중 일부가 회족으로 동화될 수밖에 없었다는 것이다.

만주족이 중원왕조를 차지한 청(淸)나라의 변방정책은 중원인구의 변방 이주와 이민족과 한족, 이민족과 이민족간의 통혼 장려였다. 이를 통해 중원에 거주하던 여러 이민족들이 닝샤와 깐수 등 중국 서북지역으로 이주하게 되면서 인구가 급증하게 됐다. 사실상 이 시기에 회족들의 닝샤 이주가 집중됐다.

3

중국 소수민족, 그리고 회족

　중국은 22개 성과 5개 자치구, 4개 특별시 및 홍콩, 마카오 등의 특별행정구로 구성된 복합국가다. 성과 자치구 및 특별시마다 독특한 문화와 역사를 갖고 있어 사실상 30여개 국가연합같은 성격도 없지 않다. 신중국 건국 이후에는 '푸퉁화'(普通话)라는 표준말이 제정되고 푸퉁화를 전 중국 어디에서나 사용하도록 강제됨에 따라 하나의 중국이 되었지만 그 이전에는 성(省)마다 방언(사투리)이 심해서 다른 성을 가면 통역이 있어야 서로 소통이 될 정도로 지역차가 심했다. 게다가 한족 외에 55개 민족이 함께 공존하고 있어서 다른 지방에 가면 마치 외국에 가는 것과 마찬가지였다. 이를테면 닝보(宁波)와 원저우(溫州)같이 저장성(浙江省)내 주요 거점 도시에서도 각 지역 고유의 사투리를 사용한다면 서로 소통할 수 없다.

　이들 30여 곳에 달하는 성시자치구 중에서도 중국정부가 신경을 곤두세우는 행정구역이 소수민족들이 집단적으로 거주함에 따라 '자치구'로 관리하고 있는 5개 자치구다. 네이멍구(內蒙古)자치구, 신장위구르(新疆维吾尔)자치구, 시짱(西藏)자치구, 광시장족(广西壮族)자치구, 닝샤회족(宁夏回族)자치구가 그것이다. 이들 자치구 중에서도 신

회족 고유의상을 입은 회족 여성

장과 시짱은 각각 이 자치구의 원주민격인 웨이우얼족(维吾尔族)과 장족(藏族)들의 독립 움직임이 활발해지면서 테러 등의 유혈충돌이 종종 벌어지는 정치적으로 민감한 지역이다.

반면 회족의 고향(回鄕) '닝샤회족자치구'나 네이멍구 및 광시장족자치구는 소수민족들의 분리 독립 움직임이 노출되지 않고 있다. 특히 닝샤회족자치구는 회족들의 고향이라는 정서가 강하면서도 회족만의 정치적, 민족적 정서를 찾아보기 힘들다. 그것은 회족이 하나의 민족이라는 민족동질성보다는 이슬람교를 기반으로 한 종교적공동체 성격이 강하기 때문이라는 분석이 설득력을 얻고 있다. 즉 7세기를 전후한 시점에 중국에 정착하기 시작한 아랍상인들의 후손과 지원병 및 용병(用兵)들이 중국에 정착하면서 회족 선민이 된 이후 13세기 초반, 칭기즈칸의 정복활동으로 인해 중앙아시아에서 중원으로 대거 이주하게 된 여러 민족들도 회족으로 편입됐다. 이들은 대부분 이슬람교라는 종교적 공통점을 갖고 있었지만 역사 문화적 전통에서는 각기 다른 배경을 갖고 있었다. 원제국 시절에는 공식문서에서 이들을 '회회'(回回)라고 불렀다. 신중국 이후 소수민족의 하나로 정립된 '회족' 이전에 '회회'로 분류된 이주자들은 고대 페르시아와 아랍인에서부터 중앙아시아와 서아시아에서 이주해 온 이민자들, 서하제국의 후예와 토번과 돌궐 등의 유목민족 등을 망라한 복합민족이 바로 회족이 된 것이다.

원나라 때 편찬된 '명사·서역전'(明史 西域傳)에는 "원대에 회회(回回)가 세상에 널리 퍼졌다"고 기록돼 있다. 회족의 선민인 회회가 집중적으로 하나의 집단으로 형성된 시기가 바로 원제국 시대였다. 칭기즈칸이 개국한 몽골제국 시대부터 손자가 연 원제국에 이르기까지 200여 년 동안 서남아시아와 중앙아시아 등지에서 유입된 무슬림인구는 수백만 명에 달했다. 중국에 이주한 무슬림인구는 중원왕조가 정해주는 곳에 집단거주하면서 독자적인 공동체를 형성했으나 점차 중국사회에 동화되면서 한족이나 중국내 다른 민족과 통혼을 하기도 했고 한자(漢字)를 차용한 이름을 사용하기도 했다. 그렇게 시간이 흐르면서 점점 외모와 말투만으로는 회족이라는 것을 알아차릴 수 없을 정도로 한족화됐다. 그렇지만 회족은 자신들의 종교와 종교생활을 엄격하게 지켜왔다.

중원으로 이주한 이민족들은 이방인으로 살지 않고 군인과 수공업자 등 전문적인 영역에서 일을 하면서 새로운 사회계층을 형성했다. 특히 아랍세계의 수학 등의 서구문물을 도입, 회계 등의 중간관료와 성직자, 학자로 자리를 잡아나갔다.

그러나 시간이 흐르면서 회족집단이 되었지만 중국으로의 유입경로가 달랐던 만큼 '회족'은 자신들만의 고유의 언어나 문화가 존재하지 않는다. 종교적인 의미에서 동질성을 갖고 예배를 볼 때는 모든 무슬림들과 마찬가지로 아랍어로 '코란경'을 외우지만 일상생활에서는 지역 방언과 표준어인 푸퉁화를 사용한다. 회족은 하나의 민족이라고 하기 곤란할 정도로 정체성이 다양하다.

닝샤는 신중국 건국후 적잖은 정치적 격변을 겪었다. 중화인민공화국 건국과 함께 '닝샤성'으로 출범하면서 신중국 건국 다음 해인 1950년 12월, 항일전쟁에 참여했던 회족 군사지도자들이 전면에 나서 닝샤성 주석과 서기를 선임하면서 성대하게 출범했다. 그러나 4년여 후인 1954년 중국 공산당은 전인대를 통해, 닝샤의 성정부를 폐지하고 인접

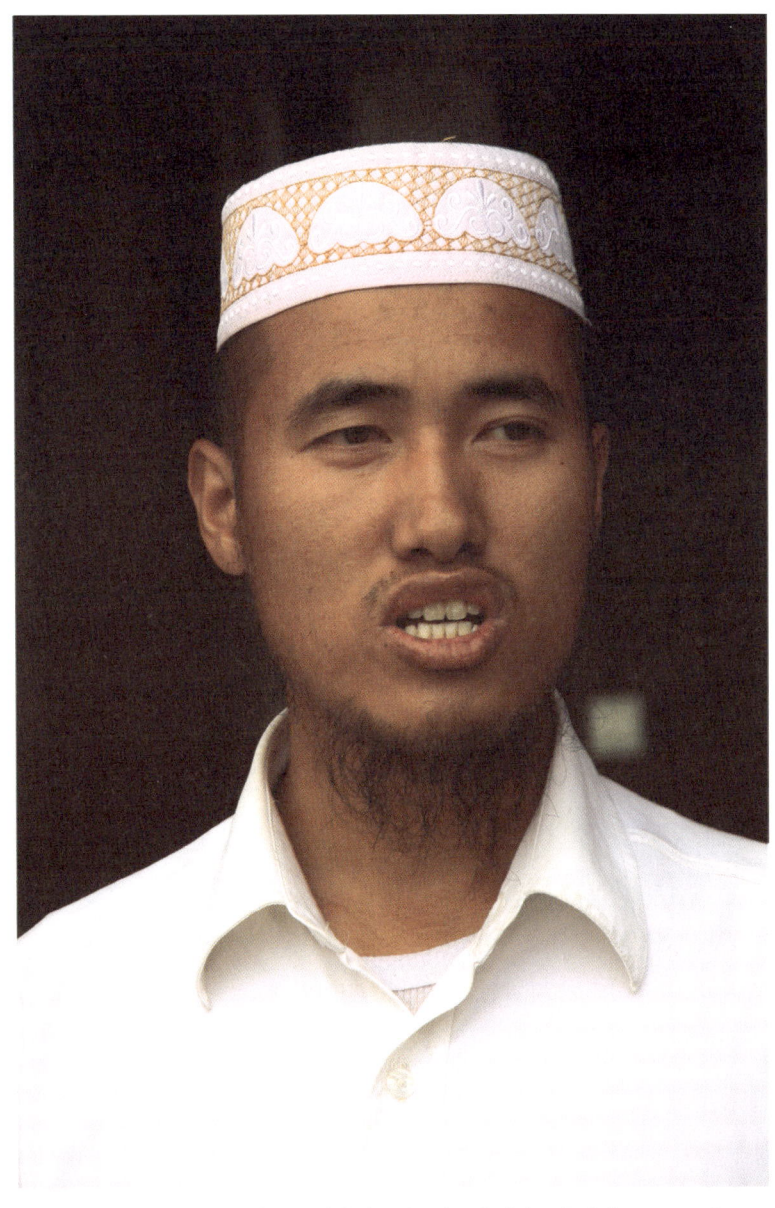

회족은 민족적 정서와 정체성을 보이지 않는다. 회족의 선민들이 각기 중국으로의
유입경로와 정착과정이 다르기 때문이다.

한 깐수성과 네이멍구 자치구에 닝샤성을 분할해서 편입시켰다. 이는 신중국 건국 초기에 골칫거리로 등장한 '소수민족'에 대한 효율적인 관리와 통제강화를 명분으로 마오쩌둥(毛泽东) 주석이 밀어붙인 결과였다. 당시는 신장웨이우얼자치구와 시짱장족자치구 등을 편입하면서 억압을 기조로 한 소수민족정책을 구사했기 때문이다.

닝샤는 이때 성도인 인촨(銀川)시와 8개현을 깐수성(甘肅省)으로 병합시켰고, 닝샤회족자치구 내에서도 몽골족들의 주거주지였던 2개의 기[旗, 현급(縣級)의 3급 행정구역]와 5개 현(縣)은 몽골족에 대한 관리 차원에서 네이멍구자치구로 편입시켰다. 분할 당시 닝샤성의 총 인구는 82만여 명으로 성급으로 독립적인 자치정부를 운영하기에는 인구가 너무 적었다. 게다가 이 지역에 거주하던 인구의 60% 이상을 회족이 차지하고 있었다. 경제적으로 닝샤성이 다른 성급에 비해 상당히 낙후돼있었다는 점도 감안했다.

그러나 닝샤성정부 폐지 및 주변 성과의 병합은 출범한 지 4년 만에 회족자치정부를 빼앗겨버린 회족들의 강력한 반발에 부딪치게 됐다. 회족들은 닝샤 외에도 중국 전역에 골고루 분포하다시피 했지만 그들은 오래 전부터 닝샤를 마음의 고향으로 삼고 있었다. 닝샤성의 회족 인구는 50만 여명에 불과했지만 중국 전역의 회족 인구는 350여만 명에 이르렀다. 다른 지역에 거주하는 회족인구는 신중국 건국 이후 소수민족 분산 정책에 따라 회족들도 전국 곳곳으로 강제이주하다시피 한 상태였다. 그런데 자신들의 마음의 고향인 닝샤가 다른 성과 자치구로 편입되면서 공중분해되자 이들의 상실감과 불만이 고조되기 시작한 것이다.

이에 중국 공산당 중앙은 독립적인 회족자치정부를 부활시키는 대신 미봉책을 제시했다. 성급(省級)으로 닝샤성을 부활하거나 시짱장족자치구같은 회족자치구를 만드는 대신, 회족들이 집단적으로 거주하고 있는 구위안(固原) 등의 4개 회족거주지역을 성급(省級)인 자치구보다 아랫단계의 행정단위인 '회족자치주'로 지정하고 마을 규모가 더 작은 곳은 회족자치현을 여럿 조성하는 등의 다양한 회유책을 구사했다. 회족 지도자들은 중국공산당이 제시한 회족 자치주와 자치현들이 각각 깐수성과 신장웨이우얼자치구로 분할된다면, 회족 분산이 고착화될 수 있다는 점 등을 명분으로 내세워 받아들이지 않았다.

난감해진 중국공산당은 해체수준으로 분할해 없앴던 닝샤성을 '닝샤 회족자치구'로 부활하기로 결정하고 1956년 정식으로 깐수성 동북부에 '회족자치구'를 건립한다는 당중앙의 '의견'을 공표한다. 마오쩌둥 주석이 이끄는 중국공산당이 당초의 닝샤성 해체방침을 번복하고 회족자치구 설립을 결정하게 된 과정에는 마오 주석과 회족지도자간의 직접 회동과 이슬람 세력이 중심이 된 '제3세계'와의 국제적 유대관계 강화 필요성이 작용했다.

우선 마오쩌둥 주석과의 회동이 성사되자 회족지도자들은 '대장정과 중국혁명과정에서의 회족의 희생과 기여'를 강조하면서 소수민족으로서의 회족의 단결과 회족과 한족간의 소통과 단합, 경제적으로 낙후된 회족 집단거주지역의 경제발전을 위해서는 '성급' 자치구가 필요하다는 의견을 강하고 간곡하게 건의했다.

마오 주석으로서도 중국내 이슬람 사회의 도움이 절실하게 된 국제정세도 감안하지 않을 수 없었다. 신중국 건국 직후, 신생국으로서 제3세계와의 국제적 연대를 통해 미소 대결구도에서 벗어난 독자적 신흥대국을 추구하고 있던 중국으로서는 국제사회에 영향력이 컸던 '비동맹' 제3세계와의 연대가 절실했다. 당시 제 3세계 그룹의 주축은 중동과 이슬람 국가들이었다. 이들과의 국제적 연대를 강화하기 위해서는 중국내 이슬람 사회에 대한 배려와 이를 통한 측면지원이 필수적이었다. 닝샤의 성급 자치구 부활을 위한 대내외적 조건이 충족된 셈이다.

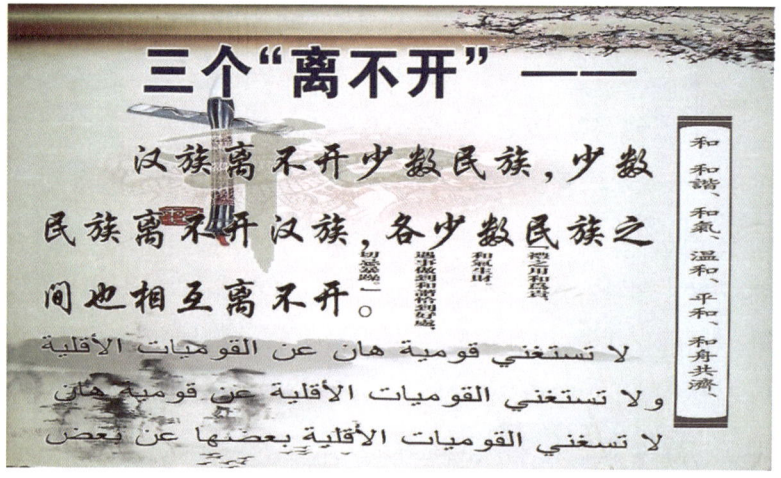

인촨 각 칭쩐쓰에 걸려있는 소수민족에 대한 통합정책 지침
한족과 소수민족, 소수민족과 한족, 그리고 각 소수민족끼리 분리할 수 없다. 즉 '중국은 하나의 중화민족이다.'

중국공산당은 마침내 회족자치구 재건방침을 승인하고 공식 발표했다. 1958년 10월 26일 인촨에서는 닝샤회족자치구 설립 선포식이 성대하게 거행됐다. 이로써 닝샤성 폐지 이후 중국 이슬람 사회는 '닝샤회족자치구' 재건을 성공시킴으로써 오히려 닝샤를 회족의 고향이라

는 정체성을 재확립하는 동시에 회족의 민족적 정체성과 다른 민족과 다른 문화를 유지하는데 성공했다. 그래서 종교의 자유가 엄격하게 제한되면서 사실상 금지되다시피 한 마오쩌둥의 문화대혁명(1966-1976) 시대에도 회족은 제약없이 이슬람교의 종교적 전통과 문화를 이어나갈 수 있었다. 무엇보다 국제외교무대에서의 이슬람 국가의 압박과 지지가 마오쩌둥을 압박한 것이 닝샤회족자치구 부활의 가장 큰 요인이었다.

중국내 소수민족으로서 회족은 자치구설립을 기반으로 종교적 자유와 문화적 전통을 유지할 수 있었다. 또한 회족문화와 한족문화의 결합을 통한 중국 이슬람만의 독특한 문화를 꽃피우기도 했다. 사실 '문화대혁명'(1966-1976) 기간 동안에는 다른 종교 사원들도 마찬가지였지만 중국 이슬람사원인 '칭쩐쓰'의 피해도 적지 않았다. '홍위병'(紅衛兵)들이 칭쩐쓰를 가만히 내버려두지 않았다. 그러나 불교사원이나 기독교 사원의 피해보다는 나은 편이었다.

닝샤회족자치구는 1969년 네이멍구자치구내의 회족 집단거주지역 일부를 편입됐다가 1979년 다시 네이멍구로 되돌려주는 우여곡절을 거쳐 행정구역상으로는 1959년 출범 당시와 달라지지 않았다.

중국 공산당이 닝샤성을 없앴다가 부활시키면서 '닝샤성'으로 복원하는 쉬운 길을 가지 않고 '회족자치구'로 방향을 바꾼 것은 당시 중국 공산당과 정부의 소수민족정책변화와 관계가 있다. '자치구'는 성급(省級) 행정단위와 마찬가지의 위상과 권한을 갖고 있다. 1954년 개정된 '중화인민공화국 헌법'에 따르면 중국은 '자치구와 자치주, 자치현'

이라는, 소수민족이 각 단계별 자치권을 갖는 3단계 소수민족단위의 자치행정구역을 신설했다. 최고도의 자치권을 갖는 '자치구'는 성(省) 급 단위에 해당된다. 즉 자치구의 행정수반인 주석직을 자치구의 다수 소수민족을 임명하고 주석은 민족자치권과 비정치적인 내부 문제 처리의 전권을 갖는다. 물론 자치구 당위원회의 서기가 자치구내의 권력 서열 1위라는 사실에는 변함이 없다. 자치구의 당서기는 한족이 맡고 주석을 소수민족이 맡는다는 점만이 다를 뿐이다.

중국 공산당은 '중화인민공화국' 출범 후 중국내 다양한 소수민족과의 갈등을 해소하고 신중국 건국과정에서 군사적으로 병합한 시짱(티벳)과 신장 지역의 '분리 독립' 움직임을 차단하기 위해 강경책과 온건책 두 가지 정책을 구사했다. 소수민족에게 민족자치권을 부여하는 방식의 자치구 설립으로 분리독립세력의 예봉을 꺾어버린 것이다. 중국 공산당이 제시한 이 같은 3단계 '민족구역자치제도'는 55개 중국내 소수민족과 공존을 모색하겠다는 중국이 갖고 있는 독특한 '정치적' 행정구역제도인 셈이다.

중국에는 5개의 소수민족 자치구가 있다. 닝샤회족자치구, 시짱장족자치구, 신장웨이우얼자치구, 광시좡족자치구 및 네이멍구자치구가 그것이다. 5개 자치구는 소수민족이 집중돼있는 지역을 중심으로 소수민족에게 '제한적이나마' 자치권을 허용하고 있다. 제한적인 자치권이지만 자치구의 주석은 자율적으로 자치구내 소수민족 관련 사무를 관리할 수 있다. 자치구의 행정수반을 성급(省級) 행정단위의 수반처럼 '성장'(省長)이라고 부르는 것이 아니라 '주석'(主席)으로 임명한 것도 이채롭다. 중국공산당의 권력서열 1위인 시진핑(習近平) 총서기가 중국

정부 수반인 '국가주석'을 함께 맡고 있다는 점을 감안하면 자치구의 수반을 '주석'이라고 부르는 것도 이해할 수 있다. 전국인민대표회의(전인대)와 함께 중국의 양대 정치기관으로 '양회'(兩會)의 하나인 중국인민정치협상회의(정협)의 수반도 '주석'이다. 물론 성급 단위와 자치구는 같은 성급의 당위원회가 설치돼있고 당서기가 권력 서열 1위다. 자치구 당위원회의 당서기는 한족이 맡는 것이 관례다. 소수민족 정책상 중국공산당은 자치구의 당위원회 서기직은 반드시 한족(漢族)이 맡도록 하고 있다.

광시쫭족(广西壮族)자치구도 닝샤회족자치구와 마찬가지로 중화인민공화국 출범 당시 '광시성'(广西省)으로 성급 단위로 출범했다가 1958년 광시쫭족자치구로 변경됐다. 중국공산당의 소수민족관리 정책이 이때부터 바뀌었다는 것을 알 수 있다. 쫭족은 광시자치구 전체 인구의 32%를 차지하고 있다.

20세기 들어와서 중국영토로 편입돼 자치구로 출발한 '시짱(西藏)자치구'와 '신장'(新疆)은 두 지역의 주인인 소수민족들의 분리독립 움직임이 유혈충돌로 이어지면서 중국 정부가 극도로 민감하게 대응하는 지역이다. 2000년까지 장족이 자치구인구 전체의 92.8%를 차지했으나 2006년 7월 칭하이성(靑海省)과 시짱자치구 라싸(拉萨)를 잇는 '칭짱(靑藏)철도' 개통 이후 한족(漢族) 유입이 가속화되고 있다.

중국 회족 역시 종교적으로 '무슬림'으로서 이슬람교의 교리와 종교적 전통문화를 따르고 있다. 따라서 일상생활에서는 중동의 무슬림과 다를 바 없다. '절대로 다른 언어로 번역돼서는 안된다'는 '코란경'이 중국에서는 '커란징'(可蘭經)으로 중국식으로 번역돼서 읽히고 있는 데서 알 수 있듯, 회족의 종교생활도 점차 중국화되고 있다. 중국 회족들도 아랍어로 된 코란경을 암송하고 있다. 그러나 일부에서는 중국어로 번역된 코란경을 사용하고 있다. '코란경'을 번역하는 것은 이슬람의 원칙을 벗어난 것이라는 지적이 있다. '코란은 하나 뿐인 순수한 것이기 때문에 (아랍어가 아닌) 다른 언어로 번역되면 왜곡될 수 있고, 코란의 시적(詩的) 의미가 사라질 수 있다'는 의미에서 절대로 번역하지 말라는 계율이겠지만 '번역된 코란경은 코란경이 아니다'라는 율법이 중국에서는 약화되고 있는 셈이다.

4
소수민족 제도

닝샤에 거주하는 회족인구는 한때 닝샤 전체의 60%를 넘을 때가 있었다. 하지만 지금은 닝샤 인구의 35% 정도를 차지하고 있다.

회족은 닝샤회족자치구에 가장 많이 살고 있지만 중국 전역에 분포돼 있을 정도로 광범위하게 퍼져있다. 그러나 기본적으로 회족들의 거주형태는 회족들끼리 모여사는 것이 특징이다. '후이후이(回回)는 천하에 두루 존재한다'(回回遍天下)라는 말이 있다. 회족 뿐 아니라 다른 소수민족이나 한족들도 끼리끼리 모여사는 거주형태를 보이고 있다. 베이징이나 상하이 등의 대도시로 이주한 농민공(農民工, 원래 농민이었으나 일자리를 위해 도시로 이주한 일용노동자)들은 대도시에서도 출신지역별로 모여 사는 경향이 있다. 베이징의 4환(环)도로 바깥 쪽에는 '허난촌'(河南)이나 '산둥촌'(山东) 같은 허난성과 산둥성 사람들이 모여 사는 마을이 형성돼 있을 정도다. 세계 곳곳에 자연스럽게 형성돼있는 '차이나타운'을 연상하면 된다 작은 마을 출신이든, 같은 민족출신이든 혹은 같은 성(省)출신이든, 어디를 가든 무리지어 살고, 심지어 해외에 가서는 중국인이라는 큰 단위로 모여서 사는 것이 중국인들의 거주특징이라고도 할 수 있다.

2010년 '제6차 전중국인구조사 통계'에 따르면 회족은 중국내 31개 성·시·자치구에 모두에 거주하고 있으며 회족 인구 총수는 1천58만6천100여명인 것으로 집계됐다. 소수민족 중에서는 광시의 쫭족 다음으로 많다. 각 성(省)별 분포를 보면 닝샤회족자치구가 217만3천800명으로 가장 많고, 닝샤에 사는 회족이 전체 회족인구의 20.53%에 이른다. 닝샤를 '회향'(回鄉, 회족의 고향)이라고 부를만한 인구분포다.

한족(漢族)을 제외한 55개 소수민족 인구는 1억1천196만6천300명으로 10년 전인 2000년에 비해 674만 명이 늘어난데 그쳤다. 소수민족의 인구는 중국정부의 소수민족 우대정책에 따라 지속적으로 늘어나고는 있지만 한족의 증가추세보다는 오히려 높지 않은 것이 특이하다. 지난 10년간 중국 전체 인구가 10% 정도 늘어난 것과 비교하면 소수민족은 6% 남짓 증가하는 데 그쳤기 때문이다.

2014년의 닝샤회족자치구 통계국에 따르면 닝샤의 상주(常住)인구는 661만5,400명으로 칭하이성(靑海省)과 시짱(西藏)자치구보다는 약간 많았다. 회족은 236만1,400여 명으로 전체의 35.70%를 차지했다. 통계국에 따르면 1년 전보다 0.1%가 늘어났다고 하는데 회족인구비율이 증가하고 있다는 것이다.

닝샤에서 회족인구 집중도가 가장 높은 곳은 중남부지역의 '구위엔'(固原)과 '우중'(吳忠)이다. 이 두 도시에 닝샤에 거주하는 회족인구의 83%가 살고 있다. 회족들은 닝샤에서 가장 오래된 회교사원으로 유명한 '퉁신칭쩐쓰(同心淸眞寺)'가 있는 '퉁신현'(同心縣, 42만명), 하이위엔현(海原縣, 36만1,100명), 시지현(西吉縣, 44만명), 구위엔

출자료: 중국국가통계국 2010년 제6차 인구조사

민족구분	인구	구성비
한족	1220844520	91.59(%)
쫭족	16926381	1.2700
후이족(회족)	10586087	0.7943
만족	10387958	0.7794
웨이우얼족	10069346	0.7555
묘족	9426007	0.7072
이족	8714393	0.6583
투자족	8353912	0.6268
장족	6282187	0.4713
멍구족	5981840	0.4488
퉁족	2879974	0/2161
푸이족	2870034	0.2153
야오족	2796003	0.2098
바이족	1933510	0.1451
조선족	1830929	0.1374
하니족	1660932	0.1246
이족	1463064	0.1098
하사커족(카자흐족)	1462588	0.1097
따이족 傣族	1261311	0.0946
위족	708651	0.0532
리수족	702839	0.0527
뚱샹족	621500	0.0466
꺼라아족	550746	0.0413
총계	1332810869	

현(固原县, 51만1,500명), 리퉁구(利通区, 29만2,500명), 우링(灵武县, 24만9,400명), 인촨시(57만3,400명) 등에 주로 거주하고 있다.

소수민족제도는 신중국에서 여러 차례에 걸쳐 수정을 거듭해왔다. 건국직후에는 국가제체 정비와 소수민족들의 분리 독립 움직임을 억제하기 위해 소수민족들을 감시하고 억압하는 강경책을 구사했다. 점차 국가체제가 정비되자 중국공산당은 소수민족들에게 민족업무에 대해서는 자치권을 부여한 자치구를 배려하는 정책을 유화책을 병행했다.

중화인민공화국 건국 직전인 1949년 발표된 '인민정치협상회의 공동강령'은 '각 소수민족이 거주하고 있는 지역에는 민족구역자치를 실행하여야 한다.'고 적시함으로써 민족자치권 부여를 명문화했다. 그러나 현실적으로 신장과 시짱 지역에서의 분리 독립움직임이 가속화되자 억압정책을 동시에 시행하지 않을 수 없었을 것이다.

중국정부는 이 강령을 토대로 현과 향, 구에 해당하는 소규모 지역 단위로 자치현과 자치구 등의 소수민족의 자치행정단위를 지정했다. 1954년부터 1958년까지는 전중국 차원의 소수민족정책을 재정립 시행했고 1958년부터 문화대혁명 직전인 1966년까지는 소수민족 자치 구역을 대대적으로 정비하고 확대했다.

'문화대혁명'때인 1966년-1976년 사이는 소수민족들에게도 추운 겨울 같은 시기였다. 강온양면을 병행해 온 '소수민족정책'은 문혁기간에는 철저하게 무시당했다. 각 소수민족자치 지역에 산재해있던 소수민족을 위한 민족교육기관들이 모두 폐지되었고 소수민족을 한족에 동화시키려는 강제적 민족동화정책이 추진됐다. '문혁'이 끝나자 중국공산당의 소수민족정책은 다시 큰 변곡점을 맞았다. 분리독립 움직임을 저지하겠다며 소수민족들의 자치를 억압하던 기조에서 '소수민족 우대'정책으로 급전환돼, 오늘날까지 이르게 되었다.

특히 덩샤오핑(邓小平)-장쩌민(江泽民)에 이어 후진타오 체제(2003~

2012)에 들어서면서 본격적인 궤도에 오른 경제발전성과를 바탕으로 '샤오캉(小康)사회(모든 국민이 중산층의 삶을 누리게 되는 쁘띠부르조아 사회)' 구현을 목전에 두게 되었고, 그에 따라 소수민족 정책도 지역과 계층 및 민족차별없는 '조화로운' 발전을 목표로 하는 우대노선을 채택하게 된다. 2005년 중국 국무원이 공포한 '국무원이 실시하는 중화인민공화국 민족구역자치제도에 대한 약간의 규정'은 '민족구역자치법'을 21년만에 보완한 제도적 장치였다. 이 규정은 경제수준이 크게 낙후된 소수민족들이 주로 거주하는 소수민족자치구에 대한 재정적 지원을 명문화했다.

중국의 소수민족 정책이 시대에 따라 달라졌지만 궁극적인 목표는 중국에 편입된 소수민족들의 분리 독립움직임을 사전에 제어하고 관리해서, 정치적 안정을 도모하겠다는 것이라고 할 수 있다. 신중국 건국 초기에는 소수민족들을 최대한 압박해서 '동화'시키고 '순치'(順治)하는 강공책을 썼으나 '개혁개방'으로 전환한 이후에는 경제발전성과와 연계해 소수민족에 대한 다양한 지원과 우대정책을 통해 이들을 본격적으로 한족화하고 중국 사회에 편입하는 것으로 전환된 것이다. 특히 독생자녀(1가구1자녀)정책의 예외와 조세상 특혜 및 자치단위에서의 공무원 특별채용 등의 갖가지 혜택부여를 통해 소수민족에 대한 그동안의 차별 정책을 우대정책으로 바꾼 것이 사실이다. 중국공산당으로서도 '신중국 건국 60주년'(2019년)이 다 돼가는 지금은 일부 지역의 소수민족 분리독립 움직임도 충분히 제어할 수 있을 정도로 자신감을 갖고 있기 때문이다.

5

칭쩐(清眞)문화

닝샤회족자치구는 물론이고 중국 실크로드의 시발점인 쓰촨성(四川省) 시안(西安)의 유명한 회족거리에 가면 어느 가게를 둘러보더라도 간판이나 입구에 녹색바탕에 아랍어와 영어 그리고 중국

어로 حلال, HALAL, 清眞 이라는 글자가 한꺼번에 표기된 표식을 볼 수 있다. 중국식 '칭쩐'은 '이슬람식'이라는 의미로 회족가게, 이슬람식 식당이라는 표식인 셈이다. 이미 '칭쩐'이라는 표현은 회교사원 '모스크'를 중국에서 칭쩐쓰(清眞寺)라 표기하는 것에서 알 수 있다. 불교사원에 소림 '사'라는 명칭처럼 중국에서는 이슬람사원에도 자연스럽게 사원의 '사'(寺)자 접미사를 붙인 것이다. 규모가 큰 회교사원에는 칭쩐 '따쓰'(大寺)라며 큰 사원이라는 의미를 강조하기도 한다. 닝샤에서 가장 오래된 회교사원은 '난관칭쩐따쓰'(南关清眞大寺)다. 칭쩐이라는 표현은 영어식 표현 할랄에서 알 수 있듯이 '이슬람식', '합법적', '허용된' 등의 다양한 의미를 갖고 있다. 칭쩐음식은 회족들에

인촨의 밤거리에서 만날 수 있는 양꼬치 포장마차. '무슬림양꼬치(穆斯林串串...)'라는 입간판에서 볼 수 있듯이 여기서 파는 양꼬치들은 '칭쩐음식'(할랄푸드) 이라는 뜻이다.

게 허용된 깨끗한 음식이라는 뜻인 셈이다. 이슬람식이나 회족 율법에 서는 돼지고기와 동물의 피, 그리고 부적절하게 도축된 동물, 술 등의 알코올성 음료, 인간을 취하게 하는 음식, 육식동물과 맹금류는 물론이고 앞에서 언급한 항목이 함유된 모든 가공식품의 섭취를 금한다. '부적절하게 도축된' 동물은 이슬람식 방식에 의해 도축되지 않은 이라는 뜻으로 해석된다. 회족, 무슬림들이 먹을 수 있는 '칭쩐 음식'은 '자비하'라는 이슬람식 도축방식에 의해 도축돼야만 먹을 수 있다. 회족은 이런 이슬람 방식으로 도축된 고기(돼지고기는 제외)만 먹고 '칭쩐'(할랄) 인증을 한다. 그것이 소위 말하는 '할랄푸드'다. 중국에서 이 '칭쩐'이라는 녹색 표식이 있는 식당은 '할랄 인증' 무슬림 식당이라는 보증수표 같은 것이다.

'자비하' 또는 '다비하'라고 불리는 이슬람식 도축방식은 원래 유대교식 도축방식인 '셰치타'에서 비롯된 것으로 이슬람교의 본산이라고 할 수 있는 중동지방은 사막으로 예전부터 고기가 피로 인해 빨리 부패하는데, 피를 완전하게 제거할 수 있는 방법을 고안해냈다. 그것이 '자비하'라는 도축방식이다. 이 자연에 적응하기 위한 도축방식이 종교적 의미로 발전한 셈이다. 상하지 않고 오랫동안 보존가능한 육류를 먹기 위한 사막식 도축방식에 종교적인 의미가 가미된 셈이다.

이 '자비하'는 동물의 머리를 '메카'를 향하게 한 후 도축자가 "위대하신 알라의 이름으로"를 외치고 도축한다. 아주 날카로운 칼로 순간적으로 동물의 목 깊은 급소를 찔러서 피를 뺀다. 피가 나오기 시작하면 동물을 거꾸로 매달아 피가 완전히 빠질 때까지 기다리는데 도축자는 반드시 '무슬림'이어야 하며 도축 전에 동물을 기절시켜서도 안 되고, 반드시 살아있는 동물을 도축해야 한다.

'칭쩐'이라는 표현은 고대한어(漢語) 중 도가(道家)에서 "纯真朴素"(순진박소, 노자의 자연주의사상에서 나온 것으로 순진소박 '純眞素朴'으로 표현하기도 한다), "幽静高洁"(유정고결, 생각이나 사상이 그윽하고 고결하다)의 의미로 자주 쓰였다. 그래서 이슬람교는 중국에 도입된 후 '회교'(回敎)로 불리기 전에 '칭쩐교'(清真敎)라고 했다. 이슬람사원을 칭쩐쓰(清真寺)라고 표현한 것도 그런 연유에서 비롯된 것이리라.

칭쩐의 '清'은 깨끗함(清淨)을 의미하고 '真'은 '순수한'(不杂)이라는 뜻으로 쓰이면서 '칭쩐'이 이슬람교가 추구하는 종교적 이상과 맞아떨어지면서 이슬람교를 가리키는 표현으로 굳어진 것이다.

이후 '칭쩐'은 칭쩐쓰(淸眞寺), 칭쩐옌(淸眞言), 칭쩐식품(淸眞食品), 칭쩐식당(淸眞餐館) 등으로 확장되면서 이슬람교를 가리키는 핵심 표현이 되었다. 칭쩐쓰는 이슬람사원, 모스크지만 '칭쩐옌'(淸眞言)은 이슬람언어가 아니라 이슬람교의 핵심이라고 할 수 있는 '만물은 주인이 아니며, 진짜 주인은 유일하며, 마호메트가 주의 사자'(万物非主, 唯有眞主, 穆罕默德是主的使者)라는 경구(警句)를 가리킨다. '칭쩐식품'은 말 그대로 할랄식품이며 '칭쩐식당'은 회족 식당 혹은 이슬람 식당이다. '칭쩐'이라는 표현은 중국 회족을 대표하는 표현인 셈이다.

회족들 역시 무슬림으로서 철저하게 이슬람교의 율법을 따르고 있으며 생활 속에서 표현한 계율이 청결하고 깨끗한 '칭쩐'인 셈이다. 회족 결혼식 피로연에서 돼지고기 요리가 없는 이유는 알고 있었지만 술이 금기시된 이유를 십분 이해하게 됐다.

'칭쩐식품'은 중국의 회족은 물론이고 위구르족(웨이우얼, 維吾尔), 타타르족 등 종교적으로 이슬람교를 믿는 무슬림 음식을 가리킨다. 기원은 돼지고기를 먹지 않는 기본적인 율법에서 유래된 것으로 중국에서는 회족 음식을 통칭하는 표현이기도 하다. '코란경'에서는 "대중들아. 너희들은 대지의 모든 합법적이고 아름다운 음식을 먹을 수 있다"고 표현하고 있다. 사실 이슬람교에서는 아름다운 일체의 음식을 먹을 수 있는데 독성이 있는 동식물 및 광물을 제외한 모든 것을 먹을 수 있다. 마시는 음료도 알코올 성분이 있는 '술'을 제외하고는 모든 것이

난관칭쩐따쓰의 야경. 돔 지붕 오른쪽에 보이는 초승달 모양의 표식이 보인다.

허용되며 음료를 신선한 과일과 야채도 포함된다.

'코란경'에는 구체적으로 금기 식품을 적시하고 있다.
"신자들이여! 너희들은 내가 주는 모든 음식을 먹을 수 있지만 반드시 '알라'(신)에게 감사해야 한다."

'칭쩐'은 회족들의 엄격한 생활규범이자 문화라고 할 수 있다. 돼지고기를 먹지 않고 비위생적이고 깨끗하지 않은 음식을 먹지 않겠다는 그런 금기나 제약이 아니라 매일같이 정해진 시간에 기도를 하고 알라신처럼 청빈한 삶을 따르는 것일 것이다.

중국정부가 작성한 회족의 인구분포도는 회족과 더불어 뚱샹족, 사

표- 중국내 회족 분포도 (2010년 중국통계국)

지역	회족(回族)	똥샹족(东乡)	사라족(撒拉)	바오안족(保安)	회민 계	성내(省内)회민 점유율(%)	증가율(5년대비, %)
전국	10,586,087	621,500	130,607	20,074	11,358,268	0.852	8.67
베이징	249,223	484	644	24	250,375	1.277	5.93
톈진	177,734	121	122	10	177,987	1.376	3.22
허베이(河北)	570,170	78	131	7	570,386	0.794	5.10
산시(山西)	59,709	30	43		59782	0.167	-3.12
네이멍구	221,383	574	53	90	222,200	0.899	5.81
랴오닝	245,798	27	88	2	245,915	0.562	-7.01
지린	118,799	32	50	6	118,887	0.433	-5.37
헤이룽장	101,749	19	7	3	101,778	0.266	-17.97
상하이	78,163	362	941	16	79,482	0.345	38.11
장쑤	130,757	420	353	32	131,562	0.167	-0.84
저장	38,192	322	424	17	38,955	0.072	97.65
안후이	328,062	112	78	15	328,267	0.552	-2.75
푸젠	115,978	339	80	5	116,402	0.316	5.91
장시	8,902	49	44		8,995	0.020	-9.98
산둥	535,679	126	609	7	536,421	0.560	7.79
허난	957,964	72	279	4	958,319	1.019	0.49
광둥	45,073	403	823	25	46,324	0.044	81.93
광시	32,319	17	128	1	32,465	0.071	-0.54
하이난	10,670	19	21		10,710	0.124	27.02
충칭	9,056	102	71	9	9,238	0.032	-8.79
쓰촨	104,544	191	223	43	105,001	0.131	-4.67
구이저우	184,788	958	99	8	185,853	0.535	9.82
윈난	698,265	181	265	49	698,760	1.520	8.59
시짱	12,630	757	255	15	13,657	0.455	45.38
산시(陕西)	138,716	116	156	4	138,992	0.372	-0.21
깐쑤	1,258,641	546255	13517	18,170	1,836,583	7.181	10.40
칭하이	834,298	6331	107,089	904	948,622	16.859	12.46
닝샤(宁夏)	2,173,820	1261	72	21	2,175,174	34.519	16.65
신장	983,015	61613	3,728	568	1,048,924	4.808	16.55
후베이	67,185	67	135	6	67,393	0.118	-13.49
후난	94,705	62	79	13	94,859	0.144	-2.88

제3부 회족제국

라족, 바오안족 등 3개 소수민족을 함께 조사해서 '회민'(回民)으로 규정한 것이 특징적이다. 중국에 유입된 시기와 경로는 달라도 이슬람교라는 종교적 문화를 바탕으로 한 회족은 사실상 다양한 민족과 인종의 교류의 결과라고 해도 과언이 아니다. 그러나 민족분류를 세분화하면서 큰 범주에서는 '회족'으로 분류할 수 있지만 중국정부는 집단적으로 거주하면서 역사적 뿌리가 확인된 경우에는 별도의 소수민족으로 인정했다. 인구분포도에서 회족계열로 확인한 3개 소수민족은 회족으로 분류할 수 있지만 이처럼 별도의 소수민족으로 등록이 되어있어서 '회민'(回民, 회족계열)으로 규정했다.

이들 회족(회민)은 전중국 31개 성시자치구(4개 직할시, 22개성, 5개 자치구)에 모두 살고 있었고 특히 닝샤회족자치구와 깐수성, 신장장족자치구, 칭하이성 등 서북지구 4개 성·자치구에 전체 회족인구의 50%가 거주하고 있었다. 여기에 허난성(97만명)을 더하면 무려 5개 성·자치구에 58.6%의 회족이 집중적으로 거주하고 있다는 사실을 확인할 수 있다. 허난성 역시 중국의 중심이라고 할 수 있는 중원지방이지만 서북 4개 지역과 가깝다는 점을 감안하면 서북지역에 집중거주하고 있는 셈이다. 또한 이 지역 회족인구는 전국 평균보다 회족인구증가율이 높고 계속해서 늘어나고 있었다.

소수민족의 인구증가율(2000년~2010년)은 전체 인구증가율 5.84%보다 높은 편이었고 회족의 인구증가율은 8.67%로 전국인구증가율보다는 높았다. 그러나 같은 시기 인근의 장족(藏族)은 15.87% 증가했고, 인구가 많지 않은 웨이족(维族)과 하사커족(哈萨克族)은 15.87%와 16.8%로 최고수준의 증가율을 보여 눈길을 끌었다.

지역별로 인구변동은 달랐다. 회족이 주로 거주하는 서북지역에서의 인구증가율은 평균이상이었지만 13개 성시자치구에서는 회족의 절대인구가 감소했다. 특히 동북지방의 헤이룽장성에서는 18%나 줄었고, 중부지방의 후베이성 13.5%, 장시성 10% 순으로 감소했다. 그러나 인근의 저장성과 상하이 하이난 등지와 광둥성 등의 회족인구는 평균증가율보다는 높았다. 특히 저장성의 경우, 원래 회족인구수가 2만여명에 불과하다가 98%나 늘어난 3만8163명이 된 것이 눈에 띈다. 이는 서북지역에서 인구이동이 있었는데 세계의 소매시장이라고 불리는 저장성 이우(仪乌) 경제발전에 따른 노동수요 때문으로 추정되고 있다. 상하이와 광둥성의 경우에는 국수(面食)요리 수요 증가로 인한 회족인구 유입에 따른 결과라는 분석이다. 결국 경제적 수요에 따라 회족인구의 대거 이동이 이뤄진 것이다.

회족의 주요 거주지인 깐수와 칭하이성의 회족인구가 10% 안팎의 증가율을 보인 것은 이곳에 거주하고 있는 회족들이 다른 지방으로 대거 이주했기 때문인 것으로 파악되고 있다. 닝샤회족자치구와 신장장족 자치구의 회족인구는 16% 이상 증가했다.

4대 주요거주지 중에서 두 지역 회족인구증가율에 차이가 있는 것은 광둥성과 상하이 등으로 이주한 회족들의 상당수가 칭하이와 깐수성 출신이라는 점과도 일치한다. 다른 소수민족에 비해 회족인구 증가율이 둔화된 것처럼 느껴지는 것에는 회족인구가 노령화되었다는 점을 우선 꼽을 수 있다. 중국인구의 전반적인 노령화와 더불어 소수민족 중에서는 인구가 많은 회족 인구도 함께 노령화되고 있다는 것이다, 물론 중국 전체 인구증가율보다는 회족인구증가율이 다소 높다는 점에서 노령화의 속도는 다소 더디다고 볼 수 있다. 그리고 회족들의 점

중국 성시자치구 개황(2015)

성시	면적(km²)	인구(만명)	성도
베이징시(北京)	16,808	2,200	
상하이시(上海)	6,340.5	2,302	
톈진시(天津)	11,917	1,293	
충칭시(重庆)	82,400	2,884	
허베이성(河北)	187,700	7,185	스좌장(石家庄)
허난성(河南)	167,000	9,869	쩡저우(郑州)
산둥성(山东)	156,700	9,519	지난(济南)
산시성(山西)	156,300	3,571	타이위안(太原)
랴오닝성(辽宁)	145,700	4,298	선양(沈阳)
지린성(吉林)	187,400	2,746	창춘(长春)
헤이룽장성(黑龙江)	453,800	3,831	하얼빈
장쑤성(江苏)	102,600	7,676	난징
푸젠성(福建)	120,000	3,689	푸저우
장시성(江西)	167,000	4,456	난창
후베이성(湖北)	185,900	5,723	우한
후난성(湖南)	210,000	6,568	창사
광둥성(廣東)	177,900	10,430	광저우(广州)
안후이성(安徽)	140,000	5,950	허페이(合肥)
하이난성(海南)	33,900	867.15	하이커우(海口)
쓰촨성(四川)	560,000	8,042	청두(成都)
구이저우성(贵州)	176,100	3,474	구이양(贵阳)
윈난성(云南)	394,000	4,596	쿤밍(昆明)
산시성(陕西)	205,600	3,732	시안(西安)
간쑤성(甘肃)	454,300	2,558	란저우(兰州)
칭하이성(青海)	737,000	552.67	시닝(西宁)
저장성(浙江)	102,000	5,442	항저우(杭州)
네이멍구자치구(内蒙古)	1,183,000	2,470	호화호특
광시좡족자치구(广西壮族)	236,200	4,602	난닝(南宁)
시짱자치구(西藏)	1,228,400	284.15	라싸(拉萨)
닝샤회족자치구(宁夏回族)	66,400	630	인촨(银川)
신장위구르자치구(新疆维吾尔族)	1,600,000	2,181	우루무치
합계	9,652,365.5	133,635.82	

진적인 이주현상도 두드러지지는 않지만 발생하고 있는 현상이다. 인구감소가 일어난 일부 지역에서는 대규모의 집단적인 이주는 아니더라도 인구감소가 눈에 띌 정도로는 이주가 이뤄졌다고 봐야 한다.

또 다른 관점에서 본다면 중국에서의 '민족 등록'을 변경하는 것이 불가능한 것이 아니라 자주 일어나고 있는 사회현상이라는 점에서 특정지역에서의 회족의 감소나 다른 특정 소수민족의 급격한 증가는 민족구분을 변경했을 가능성이 높다는 점을 지적할 수 있다. 이를테면 깐수성에서 수년 전에 회족에서 회족계열로 분류되는 뚱샹족(东乡族)으로 민족등록을 대거 바꾼 경우가 있어 화제가 된 적이 있다.

이런 경우는 합리적이라고 판단되는데 이미 중국사회에 완전히 동화되었기 때문에 회족으로 남아있는 것이 더 이상 특별한 혜택이 없거나 별다른 의미가 없다고 생각할 때 한족으로 바꾸는 경우도 종종 있다. 특히 자신이나 가족 중 일부가 한족이나 다른 소수민족과 결혼할 때 함께 한족으로 민족 구분을 변경하는 경우도 있다. 중국에서는 결혼을 할 때 부부 중 한 사람이 소수민족이면 모두 소수민족이 되기 때문에 모두 한족으로 민족 등록을 하기 위해 부부 중 한 사람이 민족등록을 변경하는 경우도 종종 있다.

▲ 회족계 소수민족 - 뚱샹족(东乡族)

뚱샹족 총 인구는 62만명. 인구의 대다수인 54만6천명이 깐수성 린샤(临夏)회족자치주의 '뚱샹족 자치현'에 살고 있다. 회족자치주내의 자치현에 모여 살고 있어 '회족계' 소수민족이라는 점을 짐작할 수 있다.

이 뚱샹족 자치현은 조허(洮河)와 대하허(大夏河), 황허(黃河)의 세 강이 에둘러 흐르고 자치현의 중심인 쇄남진(鎖南鎭)은 해발 2,640m 로 해발고도가 아주 높은 고원지대로 사방이 15~30km에 걸쳐있는 19개의 산들로 둘러싸여있는 '난공불락의 요새'와도 같은 곳이다.

이런 천혜의 요새 같은 자연조건이지만 사람이 살기에는 적합하지 않다는 점에서 뚱샹족들은 "산이 높지만 뾰족한 곳이 없고 계곡이 깊지만 바닥이 없으며 참새와 뱀도 살지 못하는 곳"이라고 하소연하기도 한다. 사실 이곳은 외부인의 접근이 쉽지 않을 정도로 험한 오지일 정도로 자연환경이 열악한 산악지대다. 또한 90% 이상의 지역에서 물과 토양유실이 극심할 정도로 자연재해도 빈발하고 있다. 3개의 강이 이 지역을 에둘러 흐르고 있어 토양이 비옥할 것으로 보이지만 실제로는 깎아지른 듯한 절벽에 가로막혀있어서 물을 이용하기도 어렵다.

뚱샹족의 기원에 대해서는 기록문헌은 다소 부족하지만 뚱샹족에 전해 내려오는 '전설' 등에 따르면 몇 가지 가설이 있다. 13세기 칭기즈칸의 몽골군이 서역 원정에 나섰을 때 지금의 깐수성 린샤[臨夏, 당시에는 허저우(河州)]일대에 주둔시켰던 '외인부대'였는데 원정이 끝난 후 이곳에 정착하면서 뚱샹족의 선조가 되었다는 것인데 가장 설득력이 있는 설명이다.

원대(元代)의 '오고타이한국'(汗國)에 살던 몽골족 일부사람들이 이슬람교로 개종을 했는데 불교를 믿던 주변의 여타 몽골족과 종교적 갈등을 일으키게 되자 당시 똥샹으로 불리던 이곳으로 이주해서 정착했다는 설도 있다.

셋째는 이 지역에 오래전부터 살던 토착민과 이주해 온 여러 민족들이 섞인 '혼혈민족'이라는 설도 그럴듯하다. 이 지역에 정착한 '회족'(回族)이 중심이 돼서 주변에 이주해 온 몽골족, 티베트족, 한족 등 여타 민족들을 흡수하면서 점점 하나의 공동체가 형성됐는데 그것이 '똥샹족'의 기원이라는 것이다. 또 다른 기원으로는 똥샹족 스스로 '사르타'라고 부르는 점에서 유추하건대, '사르타'는 중앙아시아의 사마르칸트를 가리키는데 똥샹족의 기원이 사마르칸트지역이 아니냐는 것이다.

이들이 오랫동안 이슬람교를 바탕으로 한 민족공동체를 이어왔다는 점에서는 회족이라는 사실은 분명하다. 똥샹족은 과거 똥샹후이후이(东乡回回), 멍구후이후이(蒙古回回), 똥샹멍구(东乡蒙古) 등으로 시대에 따라 달리 호칭이 바뀌어왔다는 점에서는 원래는 '몽골족'이었는데 이슬람교로 개종, 이곳에 정착해서 '회족'이 된 것이라는 해석도 가능하다. 똥샹족은 자신들의 민족어(지역방언과 유사하기는 하지만)가 있지만 고유의 문자는 없다. 대부분 교육을 통해 표준어인 푸퉁화(普通话)를 쓰고 이해한다.

▲ 회족계 소수민족2 - 바오안족(保安族)

'바오안족'은 인구가 2만여 명 밖에 되지 않아 중국내 55개 소수민족 중에서도 소멸가능성이 가장 높은 민족이다. 인구의 대부분이 깐수

성(甘肅省)에 거주하고 있는데 칭하이성(青海省)과의 경계에 위치한 '지스산'(积石山)아래의, 북쪽으로 황허가 흐르고 있는 산악지역이다. 이곳에는 회족계열의 3개 소수민족이 모여살고 있어서 '지스산 바오안족 뚱샹족 사라족 자치현'으로 아예 자치현 명칭에 3개 소수민족을 표기할 정도로 배려했다. 바오안족은 같은 깐수성의 '린샤회족자치주' 내의 여러 지방과 칭하이성 쉰화현(循化县)에도 일부가 모여 살고 있다. 이들의 주거주지인 지스산 일대는 황허의 중상류 고원지대로 상대적으로 기후가 온화하고 산과 강이 조화롭게 어우러지면서 고원지대에서는 보기드문 울창한 숲이 있다.

'바오안'이라는 민족이름은 바오안족이 스스로 부르는 명칭인데 '회족'과 종교와 문화가 차이가 없어 '바오안후이'(保安回)라고 불리기도 했다.

바오안족의 기원에 대해서는 정확한 기록을 찾을 수는 없다. 뚱샹족처럼 몽골족이 이슬람교로 개종하면서 회족화된 것 아니냐는 추측이 유력하다. 바오안족 역시 뚱샹족의 기원설과 마찬가지로, 칭기즈칸의 서역원정에 참여한 몽골병사들이 서역원정과정에서 아랍계 병사들과 교류하면서 이슬람교로 개종, 칭하이성 퉁런(同仁)지역에 정착했는데 시간이 흐르면서 이 지역의 회족과 한족, 티베트족 등과 교류하고 통혼하면서 형성된 민족일 것이라는 것이다.

이 '바오안'(保安)이라는 민족호칭이 과거에 군대가 주둔했던 곳이라는 점에서 바오안족의 선조는 이 지역의 주둔군이었을 가능성이 높다. 원제국이 멸망하고 명나라 건국 초기인 1371년, 명나라는 칭하이성 바오안(保安)에 '바오안보'(保安堡)라는 성과 보루를 설치, 변방을 수비하도록 했는데 이곳에 주둔한 병사들이 주변의 주민들과 융화되면서 공동체를 형성했다는 것이다. 중화인민공화국 건국 후 소수민족을 등록하는 과정에서 이곳에 거주하던 주민들이 독자적으로 '바오안족'이라는 소수민족을 등록했다.

▲ 회족계 소수민족 - 사라족(撒拉族)

사라족 역시 총인구가 13만여 명에 불과, 소멸가능성이 높은 소수민족으로 분류된다. 2000년 인구조사에서 10만4,503명이었지만 10년 사이에 3만여 명이 증가했다. 주요 거주지는 칭하이성(青海省) 쉰화사라족자치현(循化撒拉族自治縣)과 깐수성(甘肅省) 스산바오안족뚱샹족사라족자치현(石山保安族东乡族撒拉族自治县) 및 이웃한 화롱회족자치현(化隆)이다. 대부분 농업과 원예업 등으로 살고 있으며 독자적인 민족어와 문자까지 갖추고 있었으나 현재 문자는 사라졌다. 이들의 민족어인 사라어는 투르크계 오우즈어파에 속하는데 터키어와 비슷하다.

지금은 대부분 중국어 푸퉁화를 구사하고 이해할 수 있으며 장족어(藏族語)도 구사할 수 있다.

사라족의 기원에 대해 사라족들은 스스로 고대 돌궐족의 후예라고 주장하고 있다. 자신들을 '사랄'(撒拉尔), 간단하게 '사라'(撒拉)라고 부르는데 돌궐 우구스부족의 사루얼(撒鲁尔)의 후예들이라는 것이다. 사루얼은 우구스칸의 후손으로 '타헤이칸'(塔黑汗)의 장자다. '사루얼'이라는 이름이 의미하는 바는 "곳곳에서 검과 창을 흔드는 자"인데 사라족은 원래 당나라 때 중국변경에 살았는데 서쪽으로 가서 중앙아시아에 정착해 살다가 원나라 때에 '사마르칸트'를 경유하여 동쪽으로 이주, 현재의 칭하이성 시닝(西宁)에 정착했다. 동서 실크로드를 오가면서 창검으로 이름을 날렸다는 영광스러운 의미를 담고 있는 셈이다.

사라족 전설에 따르면 시조인 가러망(尕勒莽)은 (사마르칸트) 국왕과의 사이가 나빠지자 부족을 데리고 한 떼의 흰 낙타떼를 이끌고 '물과 흙과 코란경'을 싣고 사마르칸트를 떠나 동쪽으로 이동했다. 어느덧 '쉰화'(循化)에 도달했는데 이곳의 땅이 비옥하고 물이 좋고 초원도 광활하고 삼림이 우거져서 정착하게 되었다고 한다. 그 땅에서 장족과 회족, 한족 등의 다른 민족과 교류하면서 새로운 민족을 점진적으로 형성, 약 700여년의 역사를 이어오고 있다고 한다.

6

회족의 성씨(姓氏)

　회족의 형성과정은 다양하기 때문에 성씨(姓氏)만으로 민족을 구분하기는 쉽지 않다. 한족(漢族)이 아닌 소수민족이더라도 중국화 혹은 한족화가 되었기 때문에 한족의 성씨와 비슷하게 사용돼왔다. 성씨 역시 한족의 성씨와 기본적으로 다르지 않게 이어져왔다. 특히 신중국 출범이후에는 전 중국에서 표준어인 푸통화(普通话)가 보급되었기 때문에 소수민족들의 성씨도 급속하게 한족화(漢族化)되었다. 그러나 성씨를 보면 대충 어느 민족인지 알 수 있을 정도로 회족의 대성씨(大姓氏)는 드러나 있다. 성씨의 유래가 그들의 조상과 깊은 관계가 있기 때문이다.

　보통 '아랍계' 회족의 경우에는 성씨가 부족명과 초기 정착지명 등에 따라 지어졌기 때문에 성씨를 통해서 출신지역을 알 수 있기도 하다. 아랍계 회족은 주로 '당송원'(唐宋元) 시대에 중국에 이주했기 때문에 대외원정과정에서 공적을 쌓거나 정착촌에 정착하면서 성씨(姓氏)를 하사받는 경우가 많았다. 이들이 초기회족으로서 회족의 대성씨를 탄생시킨 것이다. 한족 중에서도 회족의 대성씨와 같은 성씨가 꽤 있지만 마(马), 우(牛), 양(杨), 티에(铁), 하이(海), 사(沙), 쑤(苏) 등이 회족 대성씨(大姓氏)로 자리 잡았다.

회족의 성씨는 '아랍어'에서 차음한 경우도 적지 않았다고 한다. 이슬람교의 종교적 명칭이나 부모의 이름에서 유래한 성씨도 있다. 또는 서하제국의 멸망이후 신분을 숨기게 된 서하난민들처럼 잦은 전란 등으로 인해 낯선 곳으로 이주한 후 원래의 신분을 감추기 위해 이주지의 마을 이름을 차용하거나 친구의 성씨를 사용하기도 했다.

회족의 성씨는 한족과 공유한 성씨가 적지 않았다. 중국 한족들에게서 흔히 볼 수 있는 리(李), 저우(周), 진(金), 류(刘), 천(陈)씨 등이 그것이다. 성씨만으로 민족을 구분하기는 어렵다. 상대적으로 마(马), 홍(洪), 딩(丁), 사(沙)씨 등은 회족이 즐겨쓰는 성씨로 한족인 경우는 드물다. 10명의 회족 중에 9명이 마(马)씨일 경우 나머지 한 명도 마(马)씨일 가능성이 높을 정도로 회족 중에는 마씨가 유독 많다. 이밖에 사(撒), 후(忽), 샨(闪), 나(納), 하하(哈), 사(萨), 하이(海), 헤이(黑), 하오(郝) 등의 성씨는 다른 소수민족이나 한족은 쓰지 않는 회족만의 성씨라고 볼 수 있다. 이런 성씨는 각기 나름대로의 역사적 연원을 갖고 있다. ≪원사납속랍정전≫(元史納速拉丁傳)에 따르면 회족 '고유의' 13개 성씨는 나(纳), 마(马), 사(撒), 하(哈), 사(沙), 사(赛), 수(速), 후(忽), 샨(闪), 바오(保), 무(木), 수(苏), 하오(郝)씨라고 적시하고 있다.

'나'(纳)씨는 사뎬츠·샨스딩[賽典赤·贍思丁, 1211~1279, 원제국 초기의 유명한 회교정치지도자로 賽典赤·贍思丁·烏馬兒(al-Sayyid Shams al-Din'Umar)이 본명으로 사이더·사무스딩·우마

성씨만으로 회족 여부를 구분할 수 없지만 회족 고유의 성씨는 나(纳), 마(马) 등 13개에 이른다.

르(赛义德·舍姆斯丁·欧麦尔)로 부르기도 한다. 赛典赤은 선생이나 수령·지도자라는 뜻이고 '赡思丁'은 종교적 태양이라는 의미다. 또한 '乌马儿'는 장수(長壽)의 뜻이 담겨있다. 그는 지금의 중앙아시아 우즈베키스탄 부하라 출신이다. 그는 일생동안 정치를 했는데 원대초기 사회의 발전에 기여했다. 윈난(云南) 최고행정장관으로 재임하던 6년 간 윈난사회의 경제와 문화건설에 지대한 공헌을 했다.]의 장남인 나수라딩(纳速喇丁)의 이름에서 따온 것이다. ≪섬서통지(陕西通志)≫에 따르면 원 제국 긴국 초기 나수라딩의 자손이 아주 번성했는데 아버지의 이름에서 각각 纳씨와 速씨, 拉(혹은 喇)씨, 丁씨의 4개 성씨로 각각 분가했다는 것이다.

닝샤의 용닝현(永宁县) 양허향(杨和乡)에는 纳씨 성을 가진 회족

700여 호가 거주하고 있는 등 인근에 4천여 명의 纳씨 성을 가진 사람들이 '집성촌'을 일궈 살고 있다. 纳씨 회족은 주로 선조의 이주에 따라 윈난과 닝샤자치구에 집중적으로 거주하고 있다.

　사(撒)씨도 앞서 열거한 회족 13개 대성씨 중 하나로, 최대의 대성(大姓)으로 간주된다. 안후이성(安徽省) 허현(和县)의 사씨 회족 족보(撒氏宗谱)에 따르면 "사(撒)씨의 시조는 서역에서 왔다. 서역에서 왔다는 의미로 '후이허인'(回纥人, 회흘인)으로 불리다가 나중에 당나라 때는 핑판(平叛)으로 불렸다. 당나라 때 무왕(斌王)으로부터 봉토를 받아 관중지방에 거주했다." 명(明)나라 때인 1399년 사중겸(撒仲谦) 일가가 산시(陕西)로부터 허현 서문 일대로 이주를 해서 살기 시작했다. 이곳에 남아있는 사당이 무관당(懋款堂)이다. 회족을 포함한 후이민(回民) 중에는 사(撒)씨 성을 쓰는 회민이 가장 많다.
　남아있는 원제국 시대의 기록물에 따르면 "撒都丁", "撒里蛮", "撒特迷失", "撒的迷失"라는 표현이 여러 번 나오는데, "撒的迷失"라는 이름이 8번이나 발견된다. 이것으로 추측컨대, 이들이 사씨(撒) 성씨의 시조들로 추정되고 있다. 사씨 회족은 주로 윈난(云南), 허베이(河北), 허난(河南), 시베이(西北, 산시지역)에 거주하고 있다.

　사(沙)씨도 회족 대성이다.
　중국의 성씨(姓氏)족보를 모아놓은 <천가성>(千家姓)에 따르면 "오늘날 회족은 여러 성씨로 하나의 민족을 이루고 있다. 회족의 성씨는 대부분 첫 음과 마지막 음을 차용한 것인데, 원대 초기의 사(沙)씨의 경우, 부모가 사(沙)씨를 쓰면 자손들이 사막에 살고 있었다……"

고 언급하고 있다. 사(沙)씨들은 선조들이 사막에 살던 유목민족이었던 것으로 추측할 수 있다는 것이다. <회족민족설>에서 발견되는 회족의 이름 중에 유독 '사(沙)씨' 많다. 그들 대부분이 서역에서 건너 온 이주민족의 후손이라는 추론이 설득력을 얻게 한다. 현재 사(沙)씨들은 시베이(西北)와 장저(江浙)지역[장시(江西)와 저장(浙江)]에 살고 있다.

7
색목인

　회족은 다양한 유입경로를 갖고 형성되었기 때문에 다른 소수민족처럼 단일민족은 아니다. 그러나 '이슬람교'라는 공통의 종교를 바탕으로 회족으로서의 민족 기반이 쌓이기 시작한 것은 원나라 때부터다. 원 나라는 대외적으로 완전하게 개방된 체제였다. 지배계급인 몽골족은 전체 인구의 소수에 불과한 정복왕조였다. 광대해진 제국을 통치하기 위해서는 이민족을 4개의 등급으로 나눠서 관리할 수밖에 없었다.
　여러 민족들이 공존하는 대제국의 구조를 효과적으로 관리하기 위해서는 이민족들의 다양한 문화를 인정하는 동시에 그들이 적절한 역할을 할 수 있도록 배치해야 했다.
　따라서 제국 통치의 최상층에는 몽골인, 그 다음 색목인, 한인 그리고 남인이라는 네 개의 등급으로 구분해서 이민족들을 관리했다. 이 중에 '색목인'(色目人)은 눈에 색깔이 있는 사람이라는 뜻이 아니라 다양한 나라에서 온 이민족을 가리키는 '諸色目人'의 줄임말로 '각색각목인'(各色各目人)을 지칭하는 사실상 '서역인'의 통칭이다. 이들은 몽골인이나 중국인(한인, 남인)이 아닌 제3의 집단으로 돌궐, 서하, 티벳, 위구르족 등의 유목민들이 대다수였으며 유럽이나 아랍계 이주민도 여기에 속했다. 몽골이 복속시킨 고려인들은 제3계급인 '한인'으로 분류됐다.

회족들의 선조들인 아랍계와 유목이주민들의 대부분은 '색목인'으로 대접받으면서 사회적 지위는 상당히 높았다. 이들은 제국의 통치에 핵심적인 중간관리를 맡았고 동서교역에 종사하는 등 제국의 중심축이었다.

색목인에는 서역에서 온 24개 민족이 포함되는데, 원대(元代)에서 그들 색목인은 몽골인에 버금가면서, 한인(漢人)보다 높은 사회적 지위와 대우를 누렸다.

중앙아시아와 서아시아에서 온 무슬림 색목인을 '회회'(回回) 또는 '회회인'(回回人)이라고 불렀는데 사실상 '회족'의 선주민인 셈이다. 회회인은 자신들의 서역 문화를 전파하면서 원대 사회의 각 분야에서 중추적 역할을 담당했다. 색목인에는 유럽에서 온 유럽인도 포함됐다. 1229년에 오고타이(몽골)가 화림(和林, 카라코룸, 현 울란바토르 부근)에 수도를 건설할 때, 건축 기술자와 공장(工匠)들로 온 위구르인과 회회인은 물론이고, 동구라파의 헝가리와 러시아 외에도 영국과 프랑스에서까지 유입되었다.

그 후 쿠빌리이 대칸이 대도(大都, 현 베이징)에 정도(定都)할 때는 다시 서역 국가들로부터 건축사·천문학사·의사·작가·시위병(侍衛兵)·악사·화가·무희 등 각종 전문직업인들이 대거 초빙되었다. 뿐만 아니라 서방의 여행가들과 전도사들, 사신들도 끊임없이 오갔다.

(출처: 실크로드 사전, 정수일 편저)

웨이우얼족 가무단　　　　　　　　　　　　　　　　　　　　　출처: 바이두

　　회족이 원대(元代)에 이르러 '회회'(回回)와 회족으로 정립된 것이 아니라 그 때는 '색목인'(色目人)이었던 셈이다. 앞서 기술한 것처럼 색목인은 중앙아시아와 서아시아에서 온 군인(용병)집단과 대상의 후

예가 주축이었다. 여기에 서역과 유럽에서 이주한 전문가들도 가세했다. 서역인과 이슬람세계의 이주민이 중국으로 대거 유입된 것은 칭기즈칸의 정복전쟁이 계기였다. 몽골은 대제국을 건설하면서 새로운 각종 분야 전문가들이 필요로 했고 도공과 예술가 및 이들 서역인을 대상으로 한 종교인들까지 이주했다.

4등급의 신분제에서 세 번째인 '한인'(漢人)은 복속된 금(金)나라의 유민이 다수를 차지했는데 쓰촨과 윈난에 거주하던 주민들과 '고려인'도 여기에 속했다. '남인'(南人)은 몽골에 마지막으로 정복된 남송(南宋) 지배하에 있던 한족들을 가리킨다.

칭기즈칸 사후 몰살되다시피 한 서하제국 유민들이 색목인으로 분류된 것이 특이하다. 원 제국이 관료와 전문가집단으로 독자적이고 발달된 문화를 갖고 있던 색목인을 우대하지 않았다면 제국의 통치는 불가능했을 것이다.

원대에 골격이 완전하게 정립된 몽골의 '다민족 통치제도'는 그 후 명·청 시대를 거치면서 현대중국의 소수민족 정책으로 연결됐다. 몽골은 제국에 복속된 다양한 민족들을 몽골 전통문화를 따르도록 하는 게 아니라 고유의 전통문화를 유지할 수 있도록 장려했다. 그것은 몽골족이 자신들보다 발달한 농경문화를 향유하던 다른 민족들에게 강제할 수준의 문화를 갖추지 못했기 때문이기도 하지만 무엇보다 다양한 민족이 공존하는 제국의 특성상 다양성과 다원성을 기본으로 하는 제국의 통치를 위해 지배층의 문화를 강제할 필요는 없었다.

정복전쟁 과정에서 칭기즈칸을 죽음에 이르게 한 '서하인'(西夏人)들은 칭기즈칸의 유언에 따라 도륙되다시피 했다. 그러나 시간이 흐름에 따라 원 제국에서는 서하인으로 차별받는 것이 아니라 오히려 '색목인'으로 대접받으면서 지배층의 위상을 차지하게 되기도 했다.

몽골의 원 제국 건설은 칭기즈칸 사후 44년 후인 1271년이었다.

이때까지 서하의 당샹족들은 200여 년 동안 실크로드의 동서교역로를 차지하면서 동·서양의 뛰어난 문물을 습득, 서하제국 개국 초기부터 독자적인 '문자'를 만들어 사용할 정도로 초원의 다른 유목민족과는 다른 문화적 수준을 갖춘 민족이었다. 살아남은 서하인들은 서하의 후예라는 사실을 감추면서 살다가 한족이나 회족, 서역인 등 주변 민족과의 통혼(通婚)을 통해 민족 정체성을 유지하지 않았다. 이목구비가 한족이나 금나라 유민인 여진족들과 크게 차이가 난 서하인은 위구르인이나 중앙아시아계의 다른 민족들처럼 자연스럽게 '색목인'으로 편입되면서 원 제국 시대에 살아남을 수 있었다.

원 제국시기의 '색목인'이라는 분류에는 다양한 민족이 포함돼 있다. 여기에는 서하인(당샹족)과 위구르족과 아랍계 서역인들이 들어가 있고, 절대 다수가 회회(回回)로 분류되었다. 7세기 이후 사서에 나오는 회흘(回紇) 혹은 회골(回鶻)이 13세기 이후에는 회회(回回)로 통합되면서 회회는 중국내 무슬림 전체를 지칭하는 용어가 됐다. 이처럼 회회는 '색목인'을 대신하는 용어가 되는 동시에 색목인으로 분류된 기타 민족도 회회가 되기도 했다. 적잖은 서하후예들은 한족화되기보다는 회족화됐다.

몽골시대의 '색목인'은 회족이기도 하고 서하(西夏)인이기도 했다. 서하의 후예들은 '색목인'으로 몽골의 제국 통치에 기여하기도 했고 원 제국 건국이후로는 옛 서하제국 재건의 꿈을 포기하고 민족정체성을 잃어버린 채 색목인이자 회족으로 생존의 길을 갈 수 밖에 없었다.

한편 몽골(원나라)이 고려를 침공·정복하면서 우리나라와도 몽골의 대리인으로 파견된 색목인과의 교류의 흔적이 꽤 남아 있다.

특히 우리나라 덕수 장씨(張氏)의 시조인 장순룡은 '고려사'(列傳 권 제36)와 '덕수 장씨 족보기'(德水張氏族譜記) 등에 따르면, 1274년 고려 제25대 충렬왕의 왕비인 제국대장공주(齊國大長公主)의 종관(從官)으로 고려에 왔다. 충렬왕과 원 세조의 딸 제국공주와의 결혼은 원나라와 고려 사이에 있었던 첫 정략결혼으로, 공주는 여러 사람을 데리고 왔는데 그 때 함께 온 종관이 장순룡이라는 이름을 하사받은 색목인이었다. 그는 원나라에 있을 때도 고관직을 제수받고 공주를 따라 고려에 와서 첨의참리(僉議參理)까지 올랐다. 덕성부원군(德城府院君)에 봉해진 뒤 덕수현(德水縣, 현 경기도 개풍군)을 식읍으로, '장순룡'이란 이름을 하사받고 고려 여인과 결혼, 세 아들을 남기고 44세에 별세했다. 그 후 후손들은 덕수를 본관으로 하여 오늘날까지 세가를 이어오고 있다.

제 4 부

아름다운 닝샤

1

샤마관
下马关

    샤마관은 명대(明代) 장성(長城, 만리장성)으로 닝샤회족자치구 중남부 도시 구위엔(固原) 샤마관향(下马关乡)에서 변방을 수비하던 요새의 일부다.

    성벽은 명대 만력 5년, 1577년 증축됐다. 남북으로 난 두 개의 문이 있는데 지금은 남문 옹성(甕城, 옹성은 성을 방어하기 위해 적군이 성 안에 들어오더라도 성문안에 또 다른 문을 항아리처럼 만들어놓은 성 안의 성이다.)과 옹성쪽 문만 남아있다. 샤마관 장성은 명대에 축성된 구위엔(固原)쪽 장성 중에서는 가장 보존상태가 좋은 곳이다. 이 지역 장성은 1502년 축성되기 시작해서 1532년 완공됐다.

    성의 서쪽 벽은 이후 홍수로 인해 무너져내리는 바람에 청대(淸代) 광서2년, 1876년 중건된 후 현재까지 이어지면서 오백년 이상의 역사를 담고 있다. 지금은 샤마관이라고 불리지만 예전에는 창청관(长城关)으로 불렸다.

    남아있는 남문 옹성 북문 위에는 '중문몰험'(重门设险)이라 적혀있고 그 문 위의 석판에는 '탁월전진'(橐钥全秦)이라고 각인돼 있다. 주

샤마관 장성 중 남아있는 성벽. 샤마관 장성은 흙으로 쌓은 장성이다. 이 지역의 장성은 모두 흙으로 벽돌을 빚어 성벽을 쌓았다.

민들이 전하는 전설에 따르면 샤마관의 옹성은 '금거북이' 형상으로 지어져서 금거북이가 물을 찾는다는 의미가 담겨있다고 했다. 또한 이 샤마관고성은 구위엔의 제일문이라는 영예도 함께 갖고 있다. 이곳에 주둔한 병사가 늘 순찰을 하다가 풍광이 뛰어난 이 샤마관 고성에서 말에서 내려(下馬) 휴식을 취했다는 의미에서 지금의 '샤마관'이라는 이름이 붙었다는 것이다.

이 샤마관은 중국혁명과정에서 <중국의 붉은 별>의 작가인 미국인 에드가 스노(Edgar Snow)가 마오쩌둥(毛泽东)을 찾아와 머물면서 직접 인터뷰를 한 곳으로 알려지면서 신중국 '홍색혁명'의 근거지로서도 널리 이름을 알렸다. 홍군과 장제스(蔣介石)의 국민당군과 격렬한 전투가 벌어지기도 하는 등 동시대 역사의 현장이었다. 성벽 곳곳에는 당시의 탄흔이 여러 곳에 남아있어 중국혁명의 역사를 고스란히 간직하고 있다.

무엇보다 중국혁명과정에서 '신중국 10대 장군'으로 추앙된 쉬하이둥(徐海东) 장군이 국민당군과 싸워서 승리한 곳이어서 홍색혁명 근거지로도 이름을 남겼다. 1936년 6월 당시 쉬 장군은 홍군(紅軍, 중국인민해방군의 전신) 우로군 제15군단장이었다. 쉬 장군이 지휘하던 홍군 15군단은 닝샤 전역을 장악, 닝샤를 비롯한 깐수 등 산베이(陝北) 지방을 '홍색소비에트'로 만들어 중국공산당의 주요 근거지로 삼았다. 쉬 장군 휘하의 홍군은 산시(陝西)에서부터 닝샤(宁夏)에 이르기까지 완벽하게 국민당군의 영향력을 밀어내고 장악하는 데 성공했다.

<중국의 붉은 별>에는 마오쩌둥과의 인터뷰 외에 당시 홍군 장군 쉬하이둥에 대한 이야기도 잘 묘사돼있다. 홍군이 공격할 당시 샤마관에는 이 지역의 토호출신인 국민당의 마훙쿠이(馬鴻逵)기병대와 1천여명에 이르는 민병대가 주둔하고 있었다. 홍군은 10여 일 샤마관을 포위하고 있다가 야음을 틈타 성루에 올라 손쉽게 샤마관을 점령하고 국민당군을 몰아냈다. 장제스군은 악명 높은(?) 쉬하이둥 장군이 공격한다는 소문을 듣고는 사기가 떨어져 공격하자마자 겁을 집어먹고 대부분 도망친 것이다.

중국혁명을 취재하기 위해 위왕현 샤마관을 찾아 온 에드가 스노는 당시 이 샤마관에서 쉬 장군을 직접 만났다. 쉬 장군이 이끌던 제15군단 지휘부가 샤마관에 있었다. 스노는 샤마관 성루에서 쉬 장군을 만

나 인터뷰를 했다.

<중국의 붉은 별>에는 마오쩌둥과의 인터뷰 외에 아예 '쉬하이둥: 홍군의 도공(陶工)'이라는 하나의 장(章)을 할애, 꽤 많은 분량의 쉬 장군에 대한 기술이 있다. 쉬 장군을 '도공'이라고 표현한 것은 그가 혁명 전에는 도공으로 일했기 때문이다.

"…어느 날 오전 내가 펑더화이의 사령부를 방문해 보니 그곳에는 방금 회의를 마친 그의 막료 여러 명이 앉아 있었다. 그들은 나를 불러들이고 수박 하나를 잘랐다. 책상에 둘러앉아 항에 씨를 뱉어 놓기 시작했을 때 나는 초면인 젊은 지휘관 한 사람이 동석하고 있음을 깨달았다.

그에게 눈길을 주고 있는 나를 향해 펑더화이가 농담조로 말했다. "저기 앉아 있는 사람은 아주 악명높은 비적이오. 그가 누군지 알아보겠소?" 이 말에 젊은 지휘관은 싱긋 웃고는 얼굴을 붉혔다. 싱긋 웃을 때 그는 천진스럽게도 앞니 두 개가 자리하고 있어야 할 곳에 텅 빈 공간을 크게 드러내 보였다. 그래서 그는 전혀 악의 없는 개구쟁이 소년처럼 보였다. 그곳에 있던 모든 사람들이 웃었다."

"당신이 그렇게도 만나고 싶어하던 사람이 바로 저 사람이오. 그 역시 당신이 자기 부대를 방문해주기를 고대하고 있소. 저 사람이 그 유명한 쉬하이둥이오." 펑더화이가 보충 설명해주었다.

홍군의 군사 지도자들 중에서 쉬하이둥보다 더 '악명 높은' 사람도 없었고, 쉬하이둥보다 더 두터운 비밀의 장막에 가려져 있는 사람도 없는 것 같았다. 과거 후베이 성의 도자기 공장에서 일한 적이 있는 그에게 장제스가 가혹한 징벌을 가했다는 사실 외에 그에 대해 외부 세계에 알려진 것은 거의 아무 것도 없었다. 최근 난징 정부의 비행기들은 홍군의 전선을 찾아와 탈주를 권유하는 내용의 유인물을 무더기로 뿌려댔다. 그 유인물에는 (누구든 소총을 가지고 국민당 진영으로 넘어오는 홍군병사에게는 100위안을 주겠다는 내용을 포함해) 다음과 같이 씌어 있었다.

"펑더화이와 쉬하이둥을 살해한 후 우리 '국민당' 진영에 가담하면 상금으로 10만 위안을 주겠다. 그 밖의 비적 괴수를 살해할 경우에도 이에 상응하는 상금을 준다."

에드가 스노의 책에 기술된 것처럼 쉬 장군은 장제스가 펑더화이와 같은 '10만 위안'에 이르는 최고액의 현상금을 내걸어서 홍군을 유혹할 정도로 악명높은 두려운 존재였다.

"그런데 난징 정부가 펑더화이의 머리 못지않게 높은 가격을 매겨놓은 바로 그 머리가 소년같은 실팍한 양 어깨 위에 수줍게 얹혀져있었던 것이다.

나는 자기 부하 가운데 그처럼 높게 값나가는 생명을 시니고 있게 되면 그 기분이 어떨까 상상해 보았으며, 또한 그 때의 그 기쁨을 이해할 것도 같았다. 그러고는 진심으로 나를 자신의 부대에 초청해 주겠느냐고 그에게 물었다. 그는 홍군 제 15군단의 지휘관이었는데, 그의 사령부는 서북쪽으로 약 80리 떨어진 위왕현(豫旺县)에 자리잡고 있었다.

쉬하이둥의 대답은, "나는 이미 종탑에 당신의 방을 마련해 놓았소. 당신이 오겠다는 날짜를 알려주기만 하면 즉시 호위병을 보내겠소."라는 것이었다.

우리는 당장 그 날짜를 약속했다.

며칠 후 나는 빌린(아닌 이번에는 내가 직접 나서서 홍군 장교 한 사람에게 압수한) 자동소총을 들고, 그리고 소총과 모제르총으로 무장한 홍군 부대원 10명의 호위까지 받으면서 위왕현을 향해 출발했다.

왜냐하면 우리들이 가야할 길은 곳곳이 전선에서 너무 가까운 거리에 있어 홍군 진지 밖으로 우회하지 않으면 안 되었기 때문이다. 우리가 가는 길은 ㅡ그 길은 만리장성과 한적하고 아름다운 네이멍구의 대초원으로 통하는 길이었다ㅡ 언덕과 골짜기로 이어지는 산시(陝西)나 깐수(甘肅)성의 풍경과는 대조적으로 높은 고원지대를 지나는 것이었는데, 이 고원지대에는 길고 긴 푸른 풀밭이 줄무늬 모양을 하고 펼쳐져 있었다. 키 큰 포아풀들이 점점이 흩어져 있었고 부드럽고 둥근 언덕들이 여기 저기 자리 잡고 있었다. 그리고 양과 염소가 크게 무리지어 한가롭게 그 위에서 풀을 뜯고 있었다. 때로는 독수리와 말똥가리가 머리 위를 날아다녔다. 한번은 야생 영양떼가 우리 일행 가까이까지 접근했다가는 하늘을 향해 코를 벌름거리고 냄새를 맡더니 믿기 어려울 만큼 민첩하고 우아한 동작으로 안전한 산허리를 돌아서 순식간에 우리의 눈앞에서 사라졌다.

한가롭게 초원위에서 쉬고 있는 목동들. 샤마관에 사는 사람들은 농사보다는 양떼를 기르는 사람들이 많다.

　다섯 시간 후 우리 일행은 4백~5백 가구가 살고 있는 회교의 고도 위왕바오에 도착했다. 돌과 벽돌로 만들어진 거대한 성곽이 이 도시를 둘러싸고 있었다. 이 성곽 밖에는 역시 자체의 성곽으로 둘러싸인 회교 사원이 있었는데 사원의 성곽은 파손되지 않은 채 빛을 발하는 아름다운 벽돌로 되어 있었다. 다른 건물들은 홍군이 이 도시를 점령하기 전에 겪었던 포위 공격의 흔적을 역력히 보여 주고 있었다. 전에 현청으로 쓰였던 2층 건물은 일부가 파손되어 있었고, 앞쪽에는 탄환 구멍이 어지럽게 나있었다. 내가 들은 바로는, 홍군의 포위공격이 시작되자 마훙쿠이 상군의 수비대가 이 건물을 비롯해 외곽에 있는 건물들을 파괴했다는 것이었다. 그들이 홍군이 성곽 밖의 건물들을 점령해 성곽에 대한 공격의 거점으로 이용하지 못하도록 그것들을 남김없이 불태워 버리고는 철수했다고 한다."

제4부 아름다운 닝샤　　　　　　　　　　　　　　　　　　　263

"…나의 고향을 점령했을 때 장제스는 쉬씨 성을 가진 사람은 하나도 살려두지 말라는 명령을 내렸어요."

장제스에게는 악령과도 같은 쉬하이둥은 전투 중에 입은 부상으로 인해 신중국 건국 직전 여러 차례 후방에서 신병을 치료해야 할 정도로 부상과 신병치료에 고생을 했다. 1940년부터는 아예 수년간 안후이와 장쑤성 등에서 장기휴양에 들어가기도 했다. 그가 대장정 때와 같은 건강한 모습으로 신중국 건국에 함께 했다면 펑더화이를 제치고 1950년의 '대미항조(對美抗朝)전쟁'(6·25전쟁)에서 중·조(中·朝) 연합군을 지휘했을 지도 모를 일이다.

마오쩌둥도 쉬 장군을 "중국혁명에 큰 공이 있는 사람"이자 "공인(工人)계급의 본보기"라고 칭송을 할 정도였다. 덩샤오핑도 쉬장군이 사망하자 "당(중국공산당)에 대한 한 톨의 붉은 마음(紅心)"이라고 표현하기도 했다.

쉬 장군의 고향인 후베이성(湖北) 따우(大悟)현에는 그의 탄생 110주년이 된 2000년 11m 짜리 백마를 탄 그의 동상이 세워졌다.

샤마관이 있는 위왕현을 비롯, 닝샤 전체가 당시에도 회족의 본거지였다. 마오쩌둥은 다음과 같이 말했다.

"…우리가 이슬람교도들을 우리 편으로 끌어들이는데 실패한다면, 그리고 항일전선으로 끌어들이는 데 실패한다면 우리의 사명을 실현하는 것은 불가능하게 될 것이다."

마오쩌둥의 홍군은 산베이 소비에트[陝北, 산시(陝西)성 북쪽에 위치한 옌안(延安)을 중심으로 깐수성까지 장악한 중국 공산당의 자치정부를 가리킨다.]를 구축한 이후 회족들에게 다음과 같이 약속했다.

1. 일체의 부가세 폐지
2. 회족 자치정부 수립에 대한 지원
3. 징병제도 폐지
4. 채무 일체의 무효화
5. 회족문화 보호
6. 모든 종파의 종교의 자유보장
7. 별도의 항일 회족부대의 창설 및 회족 무장에 대한 지원
8. 중국, 외몽골, 신장 및 소련의 회족 연합에 대한 지원

마오쩌둥의 약속에 따라 회족들은 전폭적으로 중국혁명에 동참했다. 그 결과 홍군은 주요 전선에서 회족 2개 연대를 조직할 수 있었다. 회족들은 한족들보다 키가 더 컸고 체격도 더 건장했으며 수염을 길렀고 피부색깔도 달랐다. 회족들은 중국공산당이 약속한 자치에 대해서도 열렬히 호응했다. 그렇다고 모든 회족들이 마오쩌둥의 약속을 신뢰했는가는 별도의 문제였다.

"홍군은 회족들의 신앙생활에는 간섭하지 않는다."

어쨌든 회족들의 종교생활을 간섭하지 않는다는 마오의 약속은 그런대로 지켜진 셈이다.

2
샤마관지킴이

"성벽을 절대로 무너뜨려서는 안 된다. 샤마관을 잘 지키고 보존해야 한다."

아버지는 죽기 전에 아들에게 성을 잘 지키라는 유언을 남겼다. 아버지 양칭루(扬请禄)의 유언을 전하는 아들 궈싱(国兴)의 표정은 비장하기까지 했다. 아버지의 마지막 말은 절대로 고성을 떠나지 말고 이곳에 머물면서 더 이상 고성이 훼손되는 일을 막으라는 당부의 말이었다. 이미 고성은 오랜 세월과 함께 무너질 대로 무너졌고 남아있는 고성은 궈싱 가족이 살고 있는 쪽 외에는 보존할 가치가 없을 정도로 훼손됐다. 마을사람들은 수시로 고성에 와서 무너져가는 벽을 허물었다. 수백 년의 세월이 만들어 낸 고성의 단단한 벽돌을 가져다가 자신들의 집을 짓고 수리하는 용도로 사용했다. 샤마관 고성 주변의 대부분의 집들은 그런 방식으로 집을 지었다. 사방이 황토고원지대인 이곳에서는 집을 짓고 담을 쌓기 위한 벽돌이나 바위를 달리 쉽게 구하기 어려웠다. 그래선지 마을사람들은 성벽을 허물어 집을 짓는 일을 당연시했다.

샤마관 고성이 있는 위왕현은 오래된 회족 마을이다. 마을 주민의 대다수가 회족이다.

2010년 봄이었다. 중국의 각 지역을 소개하는 중국판 내셔널지오그래픽(NATIONAL GEOGRAPHIC)이라고 불리는 '중국국가지리'(中國國家地理)라는 잡지에서 '샤마관을 지키는 사람들'에 대한 기사를 본 적이 있었다. 고성에 3대가 함께 살면서 고성을 지키면서 소박하게 살아가고 있다는 것이다. 마을사람들이 마구잡이로 성벽을 허물자 이들 가족들이 고성을 지키면서 옛 방식 그대로 살아가고 있다는 것이다. 그들의 노력이 없었다면 지금 우리가 볼 수 있는 샤마관 고성의 남문과 옹성 등도 흔적도 없이 사라졌을 것이다.

닝샤에 가자마자 샤마관으로 향했다. 오래된 회교사원, 통신칭쩐쓰(同信请真寺)가 있는 통신현 북쪽에서 봉화대가 있는 동쪽으로 가다가 바로 맞딱뜨리게 된 초원의 고성과 성루. 주변이 온통 황톳빛 고원지대인 탓에 남아있는 성벽과 성루는 주변 마을과 뒤섞여 잘 구분이 되지 않았다. 마을 안쪽으로 들어가자 2백여m 남짓 허물어지다가 남아있는 성벽과 성루의 모습이 눈에 들어왔다. '샤마관 고성'이었다. 가까이 다가가자 성문 안쪽으로 보이는 성벽에 사람들이 모여 있었다. 팔순이 넘은 할머니와 아들 내외 그리고 아이들 등 3대가 함께 살고 있는 샤마관을 지키는 사람들이었다.

마을 사람들이 '이깟 무너진 성벽은 보존할 필요가 없다'며 성벽을 허물어 집을 짓거나 벽돌을 만들어 내다팔사 "더 이상 성을 파괴해서는 안된다"며 양씨가 막고 나섰다. 마을사람들은 대놓고 항의하지는 않았지만 비웃었다.

귀싱의 아버지 양칭루가 이곳에 온 것은 중화인민공화국, 즉 신중국이 출범한 직후인 1950년이었다. 양칭루는 샤마관에 양곡창고를 짓는다기에 일하러 온 것이었다. 타지에서 와서 기거할 곳이 마땅찮았던 양씨는 성벽에 임시로 기거할 방을 만들어 온 가족이 함께 살았다. 사실 그 당시 양씨는 성벽에서 계속해서 산다는 생각은 추호도 하지 않았다. 샤마관 고성의 역사나 문화는 물론이고 보존가치에 대해서도 전혀 알지 못했다. 성벽에 기대어 살면서 그는 서서히 샤마관 고성의 역사를 알게 되었고 더 이상 고성이 훼손되어서는 안 된다는 것을 깨닫게 되었다는 것이다. 그때부터 그는 '샤마관지킴이'를 자처했다. 마을 사람들이 무너진 성을 방치하는 것에 그치지 않고 성벽을 허물어 벽돌을 내다팔거나 하는 일이 일상처럼 되풀이될 때였다. 성벽의 벽돌은 아주 단단해서 시장에 내다팔면 큰 인기를 끌었다고 한다. 1960년대에는 이곳 샤마관 벽돌은 한 장에 '5마오'(한화 약 90원)를 받을 수 있을 정도로 불티나게 팔렸다. 당시 공무원 월급이 40위안에 불과했다. 자기 집을 짓거나 수리하는 것에 그치지 않고 성벽을 허물어 벽돌을 내다파는 것은 마을 사람들에게 큰 수입이었다.

양칭루는 성문과 성루 주변의 성벽에는 아예 손을 대지 못하도록 막았다. 마을사람들과 다투기도 했지만 '샤마관지킴이'를 자처하는 그를 당해낼 수 없었다.

당시 상황에 대해 귀싱은 "그 때 성벽을 허문 벽돌을 내다팔아 돈을 벌던 마을사람들이 우리 집에 찾아왔지만 누구도 이곳을 허물어 벽돌을 가져가지 못했어요. 아버지가 그들을 가로막았기 때문이지요…"

샤마관지킴이로 살고 있는 양씨 3대 가족.
샤마관지킴이의 노력으로 이들이 거주하고 있는 샤마관 고성은 온전하게 현재의 모습을 지킬 수 있었다.

그의 아버지가 성벽을 허물지 못하게 한 것은 샤마관 고성의 역사에 대한 해박한 지식과 문화재보존에 대한 절박함이 있었던 때문은 아니었다. 1969년 양씨가 세상을 떠났다. 임종직전에 어린 아들을 불러 유언을 남겼다.

"아들아, 절대로 성벽을 무너뜨려서는 안 된다."

아버지는 그 한마디만 남기고 세상을 떠났다. 궈싱은 지금껏 부친의 유언을 잘 지켜왔다. 이제 곧 아버지의 나이가 될 궈싱은 남은 어머니와 여섯 식구를 데리고 여전히 샤마관에서 살겠다는 생각을 하고 있다. 예전에는 이들과 더불어 성벽 여기저기에 집을 짓고 사는 사람들이 더 있었지만 성벽에 사는 사람은 이제 이들 가족뿐이다.

"아내는 이제 이 성벽을 떠나 도시로 이사하고 싶어 합니다. 도시에 사는 사람들처럼 이웃과 어울려 살면서 아침이면 창문에서 햇살이 비치는 그런 집에서 살고 싶어 합니다. 그래서 저도 마음이 아픕니다. 가족들이 깨끗하고 쾌적한 집에서 살 수 있도록 하는 것이 가장의 도리입니다. 우리가 다른 곳으로 이사를 가버리면, 지금껏 나름대로 잘 보존해 온 이 샤마관의 성루와 성문이 어떻게 될지 두렵습니다…"

그가 샤마관을 떠나지 못하는 것은 그 때문이다.

"우리 가족이 단 하루를 비우게 되면 이 성벽은 벽돌 하나 남아있지 않을 지도 몰라요…"

그들의 삶의 터전이자 역사유물이자 문화재가 된 샤마관 고성. 궈싱은 중학교를 졸업한 직후부터 25년째 장성과 샤마관에 대한 역사를 공부하고 있다.

2007년 궈싱은 샤마관 보존에 공헌한 공로로 통신현 정협위원(정치협상회의 위원)이 됐다. 이어 양궈싱의 제안에 따라 2011년 통신현 양회(전인대와 정협)는 샤마관 보존과 보호에 대한 제안(시행령)을 채택하기에 이르렀다.

고원지대의 평원에 자리한 샤마관고성은 멀리서 보면 낮은 언덕인지 장성(長城)인지 분간이 가질 않았다. 가까이 가자 장성의 관문 형태의 원형 그대로가 나타났다. 샤마관 고성이 훼손되지 않고 남아있는 것은 순전히 양씨 일가가 이곳에 살면서 지킴이 노릇을 했기 때문이다. 닝샤회족자치구 정부와 뚱신현 등에서는 양회의 결정에도 불구하고 양씨 가족이 하는 역할 이상의 샤마관 고성 보존 조치를 하지 않고 있다. 지금이라도 샤마관고성이 역사문화유적으로서 국가적으로 보전할 필요가 있다면 성벽에 집을 지어서 사는 것은 상상도 할 수 없는 일이다. 통신현은 앞으로도 양씨 일가에게 이곳에 살면서 '샤마관지킴이'로 역할해줄 것을 요청하고 있다.

양씨 가족의 집은 샤마관 남문 안쪽 성벽에서 마련돼 있었다. 동굴처럼 속이 비어있는 성벽의 한 쪽에 방을 꾸며, 숙소와 부엌으로 사용하고 있었다. 잡지에 '샤마관을 지키는 사람'으로 소개가 되면서 찾아오는 사람들이 많아졌다. 남문 안쪽 마당에서는 아이들이 뒤섞여 뛰놀고 있었다. 마침 궈싱이 인근 도시로 일을 보러간 시간이어서 집안에는 궈싱을 제외하고 할머니와 아내 아이들이 있었다. 양씨의 어머니는 갑자기 찾아온 이방인인 나를 반갑게 맞이했다. 푸퉁화를 사용했지만 사투리가 심해 그녀의 말을 제대로 알아듣지는 못했지만 우리는 미소로 소통할 수 있었다.

그녀는 평원지대의 특산차와 회족의 간식거리인 '산즈'를 내놓았다. 그 사이 궈싱이 오토바이를 타고 돌아왔다.

회족 음식 산즈

성벽을 개조해 만든 집이라고 했지만 성벽을 전혀 훼손하지 않은 채 거처를 만들어 성벽의 상태는 온전했다. 남문바깥쪽 '옹성'으로 통하는 문 안쪽을 들여다보니 궈싱 일가가 쓰는 각종 농기구들을 넣어두는 창고로 전용되고 있었다. 궈싱의 안내에 따라 농기구들 사이를 헤집고 열려있는 작은 문을 통과하니까 남문바깥의 옹성이 온전하게 눈앞에 펼쳐졌다. 그를 따라 성벽을 밟고 올라섰다. 약 20m 남짓 높이의 성벽 위로 오르자 샤마관 주변이 한 눈에 들어왔다. 낮고 넓은 평원 위에 지어진 성루위에서는 주변 풍경이 모두 보였다. 멀리 보이는 언덕에서 양떼를 몰고 있는 양치기나 수확하는 농부의 모습은 전형적인 중국 농촌의 그것이었다. 한 때 이곳은 변방의 오랑캐를 막는 만리장성의 최전선이었을 테고, 중국혁명의 한 가운데에서 홍군과 장제스의 국민당군이 뺏고 빼앗긴 요새 중의 한 곳이기도 했다. 이 모든 것이 고성의 역사였다.

궈싱은 자신들의 집이자 이제는 떠날 수 없게 된 샤마관 고성에 대한 이야기를 책으로 쓰고 싶다며 이런 저런 이야기를 천천히 붉게 물들어가는 저녁노을에 풀어놓았다.

3

쩐베이바오 서부영화촬영소
镇北堡西部影视城

'동방불패'(1992)와 '신용문객잔'(1992), '동사서독'(1994)과 '와호장룡'(2000)은 1990년대부터 2000년 초까지 '중국 무협영화'에 대한 추억을 불러일으키는 무협명작이다. 중국 무협영화를 통해 중국을 이해하면서 중국역사를 공부했고, 영화 속 종횡무진하는 그리고 어떠한 상황에서도 살아남는 '협객'을 통해 부조리하고 불합리한 세상, 탐관오리들의 부패에 대항하는 라오바이싱(老百姓, 백성)들의 세계관을 알 수 있었다. 무협영화는 '충효'(忠孝)와 '인의예지신'(仁義禮智信)이라는 유교철학과 유교이념만으로 감당할 수 없는 권선징악의 다른 해법을 담고 있다.

우리는 무협영화를 통해 협객과 강호(江湖)의 세계를 들여다보면서, 약육강식의 법칙이 철저하게 지배하는 '중원'을 목격한다. 중국 무협은 가상의 세계지만 현실 또한 강호의 세계와 다르지 않다. 영화가 현실이고, 현실세상에서는 영화 속에서 벌어지는 일들이 매일 전개되고 있다.

네 편의 영화 중에서도 '신용문객잔'은 중국무협의 정수(精髓)라는 평가를 받고 있다. 광활하고 황량한 사막에 위치한 객잔(客棧, 여관), 탐관오리에 쫓기는 협객, 사막 속에 묻힌 '황금'을 쫓는 객잔의 여주인, 협객을 돕는 남장 여협객, 그리고 불한당들. 객잔이라는 협소한 공간에서 벌어지는 현실세계에서 만날 수 있는 군상들의 갈등과 대결은 다시 봐도 흥미진진한 명장면들이다.

'신용문객잔'의 주요촬영지가 닝샤 회족자치구였다는 이야기를 듣고 인촨(银川)에서 그리 멀지 않은 '쩐베이바오 서부영화촬영소'(镇北堡西部影视城)를 찾아나섰다. '신용문객잔'은 1967년에 제작된 '용문객잔'을 원작으로, 사막에 위치한 객잔(주막)을 주무대로 한 원작을 충실하게 재현하면서도 대부분의 스토리를 '객잔'이라는 좁고 폐쇄된 공간에 한정해서 긴장감을 더하는데 성공했다. 특히 서하제국의 마지막 보루였던 흑수성의 보물을 찾아나선다는 '전설'을 모티브로 하고 있다는 점을 원작과 달리 시사함으로써 이 영화촬영소에서 촬영한 이유를 보다 분명하게 드러냈다.

'영화촬영소'는 영화촬영이 거의 없는 요즘 닝샤회족자치구의 대표적인 관광명소로 개발돼, 일반인에 개방됐다. 촬영소는 크게 명나라시대에 축조된 성벽을 기반으로 만들어놓은 명성(明城)과 인촨(银川) 구시가지를 재현해 놓은 인촨거리, 그리고 각종 영화를 촬영한 세트장을 이리저리 배열해 놓은 촬영장 등의 세곳의 구획으로 나뉘어져 있었다. 쩐베이바오 촬영소 이곳저곳을 돌아다니다가 마침내 '龙门客栈'(용문객잔)이라는 글자가 적혀있는 붉은 깃발이 나부끼는 건물을 만났다. 영화에서 본 것과 똑같은 객잔세트장이었다. 사막을 달리는 말을 타고 나타난 환관무리들이 저 멀리 언덕위에서 내려다보듯 나도 언덕위에

서서 잠시동안 객잔을 내려다보았다. 마치 객잔 안에 꿈에 그리던 린칭샤(林靑霞)와 장만위(張曼玉)가 불꽃튀는 대결을 벌이는 장면이 벌어지고 있는 듯 했다.

객잔 안으로 들어갔다. 사실 <신용문객잔>의 시대인 명대(明代)는 물론이고 <수호지>에 나오는 객잔을 보더라도, 중국의 객잔은 혼자 다니는 여행객들에게는 자칫하다가는 목숨도 빼앗길 수 있는 위험천만한 '헤이디엔'(黑店)이 대부분이었다. 헤이디엔은 '흑'(黑)이라는 접두사에서 짐작할 수 있듯이 사실상 도둑소굴이라는 의미다. 여행자들의 빈틈을 노려 금품을 빼앗는 일은 부지기수였고 심지어 목숨까지 노려, '인육만두'를 빚어 파는 무시무시한 곳이었다. 영화 <신용문객잔>에서도 여주인이 여행객을 유혹, 금품과 목숨을 빼앗고 인육을 빚는 장면이 있다. 그 장면을 떠올리면서 객잔의 2층을 둘러볼 때는 섬뜩한 기분이 들었다. 생각보다 실내는 좁았다. 이 좁은 공간에서 검(劍)을 들고 영화에서처럼 종횡무진할 수 있었을까하는 의심이 들기도 했지만 붉은 천으로 온통 장식된 실내는 영화 <신용문객잔> 속으로 서서히 안내하고 있었다. 입구 쪽에서는 영화 속 주인공들이 입었던 의상들을 입고 사진을 찍을 수 있는 안내데스크가 있었다.

쩐베이바오 영화촬영소는 중국의 10대 영화촬영소 가운데서도 3대 촬영소에 꼽힐 정도로 유명하다. 인촨시에서 35km 밖에 떨어져있지 않아 접근성이 좋은데다 규모면에서도 아기자기한 크기여서 관광객들이 둘러보기에 부담이 없다. 물론 상하이와 저장성 헝디엔(橫店)영화촬영소, 허난성 쟈오주오(焦作) 촬영소 등에 비해서는 작은 편이지만 닝샤회족자치구의 자연환경 그대로 원시적이고 황량하고 거친 풍경을 구현하고 있는 중국 서부지역에서는 유일한 영화촬영소라는 점 때문

영화세트장 앞에서 관광객들이 황후와 궁녀들의 옷을 빌려 입고 기념촬영을 하고 있다.

에 매력적이다.

여기서는 '신용문객잔' 뿐 아니라 '붉은 수수밭'(红高粱)을 비롯한 수많은 영화들이 촬영됐다. 이병헌 등이 출연한 한국영화 '놈 놈 놈'과 TV드라마 '선덕여왕'도 이곳에서 일부 장면이 촬영됐다. 1993년 이곳에 쩐베이바오 영화촬영소가 만들어진 뒤, 영화촬영이 없을 때는 일반인에게 개방되는 관광명소로 유명해졌다. 촬영소내의 전시관에는 이곳에서 촬영된 각종 국내외 영화와 드라마는 물론이고 배우들의 의상 등 소품들도 함께 전시돼 있다.

이곳이 영화촬영소로 이름을 얻기 전까지는 원래 명나라에서 청나라에 이르기까지 이곳은 변방을 방어하는 군사보루 '성보'(城堡)였다. 쩐베이바오 외에도 닝샤에는 20여 곳의 보루가 더 남아있다. 명나라 효종에서 신종에 이르는 시기, 명 조정은 (만리)장성 축조에 힘쓰는 한편, 황허에서 허란산(贺兰山)에 이르는 좁고 긴 지역에 10여 개의 관문과 보를 설치했다. 남로에 10여 개, 북로에 4개였다. 당시 북쪽에 설치된 보 가운데 남아있는 한 곳이 바로 이 '쩐베이바오'(鎭北堡)다.

'보'(堡)는 보루인데 성처럼 쌓은 '보'안에 수비대와 병사의 가족 및 주민들이 함께 거주할 정도로 넓었다. '쩐베이바오'는 새로 건설한 '신보(新堡)'와 처음 지은 '노보(老堡)' 두 곳으로 나뉘어져 있다. 신보는 청나라 건륭 5년 닝샤에 큰 지진이 일어나 '쩐베이바오'(노보)의 대부분이 무너지자 무너진 노보 바로 옆에 비슷한 규모로 새로운 보루를 지었다. 이것이 신보로 청나라 때 새로 건설한 것이다. 청나라때 건설되었다는 의미에서 '청보'(请堡)라고 불리기도 한다.

근대에 들어와서는 변경을 지키던 보루의 역할이 사라지게 되자 한동안 폐허처럼 버려지다시피 했다. 변경지역의 황량하고 쓸모없는 구시대의 유물과도 같았던 '쩐베이바오'는 마오쩌둥 시대에는 다른 용도로 재활용되기도 했다. 공산주의 종주국인 구 소련으로부터 '자력갱생'을 강조하면서 시작된 마오쩌둥의 '대약진운동'이 시작된 1950년대 후반, 이 보는 주변 마을의 쇠붙이들을 모아 철을 제련하는 제련시설로 쓰인 적이 있다. 지금의 쩐베이바오 성곽 외곽에는 1958년 대약진운동 당시 흙으로 만들어서 사용하던 '고로'(高爐)가 남아 있다. 또 신보의 성벽에 있는 동굴은 당시 제련작업에 동원된 농민·노동자들이 거주

쩐베이바오영화촬영소에 있는 '신용문객잔' 세트장

하던 숙소로 조성된 것이라고 한다. 이런 다양한 역사를 갖고 있는 쩐베이바오가 1990년대 영화촬영소로 재단장된 것은 문화대혁명이 벌어지면서 이곳으로 '하방'(下方)돼 노동개조를 받은 바 있는 당대의 유명 소설가 장셴량(张贤亮)이 문혁이 끝난 후인 1980년대 다시 이곳을 찾아 영화촬영소 적지로 소개하면서 1993년부터 본격적으로 영화촬영소가 건립됐다.

서부영화촬영소에서 촬영된 대표적인 중국영화는 <목마인(牧馬人)>과 <붉은 수수밭(紅高梁)> 등으로 국제영화제에서 수상을 하기도 했다. 또 <황허의 노래(黃河謠)> <황하절연(黃河絶戀)> <노인과 개(老人与狗)> 등은 중국인들의 뇌리에 남아있는 고전 명작영화이며 시유기를 드라마화한 <대화서유(大話西游)>와 무협명작 <신용문객잔(新龍門客棧)> <절지창랑(絶地蒼狼)> 등 60여 편의 TV드라마도 이곳에서 촬영됐다.

서부영화촬영소는 옛 보의 형태를 훼손하지 않고 그 위에 영화에 맞는 여러 세트장을 설치해서 영화를 촬영해왔다. 그래서 촬영소 안에는 영화 속 명장면들이 그대로 재현돼 있어 영화팬들에게 인기를 끌고 있다. <붉은 수수밭> 세트장에 들어가면 이 영화가 데뷔작인 공리(巩俐)의 영화 속 측은한 모습이 떠오를 수 있다.

중국의 다른 영화촬영소에 비하면 이곳 쩐베이바오 영화촬영소의 규모는 작은 편이다. 중국에는 여기보다 10배 이상의 광활한 촬영소도 많다. 그러나 서부영화촬영소는 고즈넉하고 원시적이며 황량한 분위기를 주면서 사막과 초원 등 서부지역의 풍경이나 근대를 배경으로 하는 영화촬영소로 각광을 받고 있다.

영화촬영소 입구에는 이곳을 설립한 장셴량의 어록인 '중국영화는 이곳으로부터 세계로 나아갔다.'(中国电影从这里走向世界)라는 대형 홍보 간판이 눈길을 끌었다. <목마인>, <붉은 수수밭> 등 여기서 촬영한 영화들이 국제영화제에서 대상을 수상하는 등 영예를 차지하자 감독들이 앞다퉈 이 촬영소를 추켜세운 칭찬들이었다. 닝샤자치구의 작은 촬영소가 중국영화의 진흥을 이끈 본산이나 '동방의 헐리우드' 같은 위상을 차지할 정도는 아니겠지만, 중국영화산업은 이곳에서 촬영, 제작된 영화들이 국제영화제에서 수상을 하면서 국제적인 관심을 끌고 위상을 끌어올리게 됐다.

실제로 중국은 경제성장을 바탕으로 '영화굴기'(崛起)에도 나서고 있다. 중국 '알리바바(마윈(马云) 회장)'와 더불어 중국 최고의 부자자리를 다투고 있는 '완다'(万达)그룹의 왕젠린(王健林) 회장은 2016년 1월 영화 '배트맨', '인셉션', '쥬라기공원', '인터스텔라' 등의 제작사

장이머우 감독과 궁리의 대표작인 '붉은 수수밭'의 세트장.

인 미국 '레전더리 엔터테인먼트사'를 35억 달러에 사들였다. 앞서 완다그룹은 2012년 미국의 대형 영화배급사인 AMC엔터테인먼트 홀딩스를 인수한 바 있고 2015년에도 할리우드 영화 '사우스포'(Southpaw) 제작사인 와인스타인에 3,000만 달러를 투자하기도 했다.

왕 회장은 레전더리 엔터테인먼트 인수후 가진 인터뷰에서 "레전더리의 영화는 과연 전설적이고, 우리의 관광과 문화 산업에 활기를 불어 넣을 것"이라며 "우리는 많이 배워야 한다. 중국영화산업은 미국에 비해 30~50년 뒤쳐져 있다"고 말했다. 이어 "완다그룹은 중국 영화산업에 중요한 포지션을 갖고 있지만, 우리는 글로벌 포지션이 필요하다. 우리는 더 큰 영화사를 인수할 수도 있다"고 덧붙였다. 중국의 대국굴기가 정치와 경제 군사분야 뿐 아니라 글로벌 영화시장을 겨냥한 '영화굴기'로도 본격화되고 있는 셈이다.

이미 중국에서 제작된 장편 영화수가 2014년 700여 편으로 세계 2위 수준으로 올라선 데 이어 중국의 글로벌 영화산업에 대한 투자와 M&A도 급속도로 증가하고 있다. 머지않은 장래에 중국영화가 할리우드를 넘어서 세계 영화시장에 넘쳐날 수도 있다.

4
아름다운 닝샤
美丽宁夏

중국인들에게 어머니의 강(母亲河)으로 여겨지는 신성한 황허(黄河). 칭하이성(青海省)에서 발원한 황허는 깐수성(甘肃省)을 거쳐 곧바로 닝샤(宁夏)로 흘러 들어오면서 장쾌하면서 거친 황톳빛 물살을

사후(沙湖)에서는 사막과 강의 공존을 동시에 체험할 수 있다. 사후 옆에 흐르는 황허에서는 양가죽으로 만든 '양피파즈'라는 뗏목을 타고 황허를 건너는 체험이 인기다.

텅거리 사막

그대로 노출하면서 지나간다. 닝샤에서는 공존할 수 없는 '사막과 강'이 함께 하는 신비로운 풍경을 즐길 수 있다. 몽골어로 '하늘처럼 넓다'는 의미의 텅거리(騰格里) 사막은 중국에서 네 번째로 큰 사막인데 텅거리 사막 바로 옆으로 황허의 거센 물결이 흘러간다. 사막에 서서 석양을 바라보면서 바람과 모래가 빚어낸 광활한 사막의 파노라마를 보노라면 대자연에 대해 경의를 표하지 않을 수 없다.

닝샤의 사막과 초원은 실크로드의 역사와 연결돼 있다. 한 때 실크로드의 지배자였던 서하제국과 서하를 멸망시키고 대제국을 완성한 칭기즈칸의 최후까지 담아낸 류판산, 그 곳에서 마오쩌둥(毛澤東)은 신중국 황제의 꿈을 꾸기 시작했다. 아마도 마오는 칭기즈칸을 넘어

진시황의 자취도 찾아냈을 것이다. 닝샤는 선사시대 인류가 만들어 낸 허란산(賀쯔山) 바위 벽화에서부터 '쉐이퉁고우'(水洞溝) 선사시대 유적지까지 다양한 역사유적을 만날 수 있는 곳이다.

흙으로 쌓은 명대(明代) 만리장성에 오르면 중원에서 쫓겨난 칭기즈칸의 후예들이 다시 중국인들에게 '변방의 오랑캐'로 취급받게 된 역사의 반전을 실감하게 된다. 장성의 안과 바깥에 따라 극명하게 달라지는 오랑캐의 법칙. 그러나 놀랍게도 장성 안에 구축한 제국의 주인은 한족(漢族)이 아니라 그들이 오랑캐라 불렀던 이민족들이었다. 장성의 안쪽에 동굴을 파서 구축한 '창빙퉁'(藏兵洞)은 장성을 수비하던 명나라 국경수비대가 요새처럼 구축한 진지였다. 장성 지하를 파서 만든 창빙퉁은 적이 공격하더라도 지하 곳곳에서 방어할 수 있을 정도로 정교하게 구축된 지하기지와도 같았다. 곳곳에 부비트랩까지 마련돼 있어 적이 침입하더라도 섣불리 공격할 수도 없는 구조였다. 현재 관광객에게 개방돼 있는 창빙퉁은 전체 진지의 일부에 지나지 않는다는 점을 감안하면 다시 한 번 대륙의 스케일에 놀라게 된다. 그러나 창삥동은 갇힌 구조의 요새다. 중원왕조 스스로 이민족과 '오랑캐'의 공격을 두려워한다는 점이 생생하게 느껴졌다.

물론 닝샤에 가면 가장 먼저 가야할 곳이 서하왕릉이다. 칭기즈칸과 서하제국과의 오랜 숙명과도 같은 전쟁이 서하를 멸망시켰지만 칭기즈칸의 최후를 잊당겼을 것이다. 서하도 칭기즈칸노 몽골의 원제국도 200년의 시간을 이어가지 못했다.

그들이 떠난 이 땅을 차지한 사람은 칭기즈칸과 함께 정복전쟁에 나섰던 아랍병사들이었으며 동서교역에 나섰던 상인들이었다. 매일같이

닝샤는 제국의 역사와 자연 유산 뿐 아니라 '구기자'의 최대산지로서도 유명하다.

하루에 다섯 번인 이슬람의 기도시간을 알려주는 아잔의 '방커'소리를 들으면서 이슬람문화를 흠뻑 느껴볼 수 있는 곳이 닝샤회족자치구다. 닝샤에는 이슬람사원인 '모스크'의 중국식 사원 '칭쩐쓰'가 무려 2,000 여개나 있고 닝샤 인구의 1/3이 회족이기 때문이다.

인촨의 인민광장에 가면 마치 베이싱의 톈안먼 광장에 온 듯한 착각을 하게 된다.
톈안먼 광장처럼 마오쩌둥 주석의 초상화가 붙어있는 톈안먼의 모형과 국기게양대 등이
설치돼있다.

제4부 아름다운 닝샤

편집을 마치면서

닝샤(宁夏)는 우리에게 낯선 땅이다.

닝샤는 중국인에게도 낯설다.

중국의 최대 포털사이트인 '바이두'(百度, baidu.com)에 '닝샤는 어느 성(省)에 속하는가?', '닝샤는 성(省)인가? 시(市)인가?' 혹은 '닝샤는 어느 성 관할인가?' 라는 등의 황당한 질문이 십여 개나 올라와 있을 정도로 '닝샤회족자치구'는 중국인들에게도 친숙하고 잘 알려진 곳이 아니다.

북쪽으로는 네이멍구(内蒙古)자치구, 남쪽으로는 쓰촨성(四川), 동쪽으로는 깐수성(甘肅)과 접해있는 닝샤는 800여 년 동안 미스터리로 남아있는 서하제국과 흑수성(黑水城)의 전설, 그리고 칭기즈칸의 죽음에 얽힌 비밀에 이르기까지 닝샤는 우리에게 수수께끼와 미스터리가 가득한 신비한 제국이다. 실크로드 문화와, 닝샤 회족자치구 어디를 가든, 흠뻑 느낄 수 있었던 이슬람문화의 혼재. 시시각각 울려오는 아름다운 '방커'소리. 하얀 두건을 쓴 회족들의 무리. 낯선 이방(異邦)의 냄새와 소리에 귀를 쫑긋거리고 코를 킁킁댔던 긴장된 기억들이 꿈틀대며 살아난다.

샤파터우 사막호텔에서 바라 본 사막

닝샤는 '회족(回族)제국'이다. 서하(西夏)와 칭기즈칸의 역사는 이 땅을 한 때 지배했던 자들의 순간일 뿐이다. 이 땅의 주인은 이제 회족이다.

잊을 수 없는 한 장면이 있다.
불교왕국이었던 서하제국에 앞서 북위(北魏, ~5세기)시대부터 수·당 때까지 건축돼 불교문화의 정수(精髓)를 보여주고 있는 쉬미산(须弥山) 석굴 입구였다. 두건을 쓴 한 회족여성이 보리수로 만든 염주 등의 불교용품을 팔고 있었다. 눈앞에서 불교와 이슬람교라는 두 종교의 공존과 동거를 목격한 것이다. 1천500여 년 전의 불교유적이 현재 이 땅의 주인인 '회족여인'의 삶의 기반이 된 셈이다.

불교도였던 서하인들이 모두 죽임을 당하거나 뿔뿔이 흩어진 후 이 땅에 들어온 무슬림들은 쉬미산 석굴 등 찬란한 불교유적을 훼손하거나 파괴하지 않았다. 그들은 이곳에서 멀찍이 떨어진 곳에 자신들의 사원을 짓고 공존하면서 살았다. 석굴을 파괴한 것은 20세기 '신중국'의 문화대혁명이었다. '우상파괴'라는 미명하에 홍위병(紅衛兵)들이 저지른 짓이었다.

시진핑(习近平) 주석의 신실크로드 정책 '일대일로'(一帶一路)의 한 축인 육상실크로드의 '대상(隊商)길'을 제대로 느껴보기 위해서는 텅거리 사막에 조성한 샤파터우(沙坡头) 한가운데 위치한 사막호텔에서 하룻밤 묵어보는 것은 어떨까. 네이멍구 초원에서 느끼는 것과는 다른 흥분으로 실크로드의 시대로 빨려 들어갈 수 있을 것이다.

닝샤는 이처럼 매력적인 곳이다.

EBS세계테마기행 촬영을 위해 닝샤를 다녀간 뒤로 '빚'을 진 것처럼 수년 동안 '닝샤이야기'를 엮어내지 못해 가슴 한켠이 답답했다. <제국의 초상, 닝샤>는 그 빚을 털어낸다는 심정으로 내놓는다.

이 책이 우리는 물론이고 중국인도 잘 모르는 '닝샤'에 한 걸음 더 가까이 다가가는 계기가 되었으면 좋겠다.

마지막으로 '닝샤'로의 여행을 함께 한 <김진혁 공작소>에 감사를 드린다.

기꺼이 '제국의 초상 닝샤' 켈리를 보내 준 박병철 교수와 표지디자인을 멋지게 해 준 베이징의 사랑하는 딸에게도 감사인사를 보낸다.